20 PASSOS
PARA A PAZ INTERIOR

PE. REGINALDO MANZOTTI

20 PASSOS
PARA A PAZ INTERIOR

com Deus, consigo e com o próximo

AGIR

Editora
Marcia Batista

Edição de texto
Marco Polo Henriques

Revisão teológica
Fr. Clodovis M. Boff

Revisão
Gabriel Machado
Tatiane Leal

Produção editorial
Ana Carla Sousa
Rosana A. Moraes

Este livro foi impresso pela Edigráfica sobre papel offset 63g/m^2 para a Agir em março de 2013.

CIP-Brasil. Catalogação na fonte. Sindicato Nacional dos Editores de Livros, RJ.

M253d Manzotti, Reginaldo, 1969-
20 passos para a paz interior: com Deus, consigo e com o próximo / Reginaldo Manzotti. — Rio de Janeiro: Agir, 2010.

ISBN 978-85-220-1254-1

1. Vida espiritual — Igreja católica. 2. Conduta. 3. Técnicas de autoajuda. I. Título

10-0574 CDD: 232.91
CDU: 232.931

Texto estabelecido segundo o Acordo Ortográfico da Língua Portuguesa de 1990, em vigor no Brasil desde 2009.

Rua Nova Jerusalém, 345 — Bonsucesso — CEP 21042-235 — Rio de Janeiro — RJ
Tel.: (21) 3882-8200 — Fax: (21) 3882-8212/8313
www.ediouro.com.br

Dedicatória

Aos meus queridos pais, Antonio Manzotti e Percília Maria Manzotti (ambos *in memorian*), que me ajudaram a dar os primeiros passos na vida.

Às minhas irmãs Jandira, Maria Aparecida (Nica) e Joana, a quem recorro em busca de afeto, aconchego e oração em meio ao cansaço das longas caminhadas.

Aos meus irmãos, Antonio Carlos e José Jácomo, que nos momentos incertos de minha ousada jornada foram e são uma voz de entusiasmo.

A todos os que, como eu, procuram dentro de si o que há de melhor para dar, fazendo valer a pena arriscar-se nessa jornada interior.

Creio na família, principalmente naquelas em que — assim como na minha — é possível encontrar apoio, compreensão, bases sólidas e tudo o mais para uma caminhada de fé.

Creio na família, tendo consciência de que, ao nos propormos a atuar como discípulos de Jesus, estabelecemos outro tipo de vínculo familiar, não mais o biológico, mas o do discipulado.

Agradecimentos

Ninguém caminha só quando o caminho é para Deus.

Solidários ao propósito desta obra foram todos aqueles que, diariamente, interpelam-me pelo rádio para partilhar suas valiosas histórias de vida.

Solidários também foram Cleusa do Pilar Marino Sieiro, Marco Polo Henriques, Fernanda de Andrade, Luciana Luiza Benedetto, Alexandre José Tormena. E especialmente Frei Clodovis Boff, que mais uma vez aceitou ser o censor teológico, por quem tenho profundo respeito e apreço.

Solidários foram e são todos os que, de "mangas arregaçadas" e "mãos na massa", fazem parte do meu cotidiano e de minha caminhada.

Agradeço a Deus por me ter confiado a missão de estar à frente de uma paróquia e de uma obra evangelizadora, pois, tendo de oferecer aos que me foram confiados no pastoreio o alimento da Palavra de Deus explicada, e formá-los na fé por uma catequese permanente, sinto-me instigado e desafiado a me preparar, estudar, pesquisar e rezar o que, depois, é oferecido como reforço espiritual para a jornada de cada um.

Sumário

Introdução

"A paz que Eu vos dou não é a paz que o mundo dá" (Jo 14,27b).

Certamente, muitos ficarão intrigados ao ler o título deste livro e perguntarão: "Por que 20 passos para a paz interior?"

Sem dúvida poderiam ser 19, 21 ou até mais passos. A ideia do número surgiu com base no meu primeiro livro, *10 respostas que vão mudar sua vida*, porque acredito e tenho certeza de que, a cada resposta dada aos problemas do cotidiano, temos de fazer o dobro do esforço para superar todo o estresse provocado em nós e alcançar a paz interior.

Se o primeiro livro trata das situações externas, este propõe que façamos um sincero mergulho em nós mesmos, buscando a superação do comodismo e do descaso pela qualidade de nossa vida espiritual. Paralisados, ou à margem do caminho, facilmente desistimos de dar passos em direção ao que há de melhor dentro de nós. Vivemos, assim, uma contínua e ansiosa sensação de estar constantemente atrasado ou de que sempre há algo mais a se fazer. Debatemo-nos de um lado para o outro numa corrida frenética sem saber aonde queremos chegar.

Como sugere a epígrafe reproduzida na página anterior, a paz não é apenas a ausência de conflitos. Claro que precisamos de paz entre as nações, nas ruas, no dia a dia, na convivência familiar, mas refiro-me ao ensinamento deixado por Jesus sobre essa palavra, que remete essencialmente à vida espiritual e abrange todos os outros tipos possíveis de pacificação.

Sem a paz de Jesus, ninguém está satisfeito consigo mesmo. Mas isso não é algo que vamos conseguir do dia para a noite. É preciso aprender a construir a paz interior.

Proponho, pois, com este livro, possibilitar uma profunda reavaliação de metas e interesses no intuito de conquistar aquilo que, seja qual for o histórico de cada um, representa o ponto alto de nossa jornada pessoal: a paz interior.

1º Passo

Fortalecer a fé

Viver em *Paz*, com "P" maiúsculo, é uma missão difícil nos dias de hoje. Se, por um lado, temos muito mais facilidades, com avanços tecnológicos e grandes conquistas noticiados a todo momento, por outro, somos dominados mental e fisicamente pelo desespero de atender a um número cada vez maior de solicitações. A sensação é a de que não nos sobra tempo para mais nada, no entanto, continuamos lidando com as tribulações do dia a dia, como a dor de ter um ente querido envolvido com drogas, o lar destroçado pelas brigas intermináveis, o casamento envenenado pela discórdia, e assim por diante.

Muitos entregam os pontos e perdem o gosto pela vida. Outros priorizam apenas a razão na tentativa de controlar o incontrolável e acabam abrindo mão dos sonhos. Há ainda aqueles que vivem pronunciando o nome de Deus em vão, sem acreditar nas próprias palavras e desperdiçando-as como se fossem poeira ao vento.

Há um ditado popular que diz: "Deus dá o frio conforme o cobertor." Como sacerdote, não me cabe discordar ou referendar essa máxima tão difundida, mas, com certeza, posso garantir que é nas maiores tormentas que devemos parar e ouvir a voz de Deus: "Não temas, estou contigo" (Jr 1,8).

Ora, "ouvir a voz de Deus" significa ter fé. Mas não qualquer tipo de fé. Para alcançar a paz interior e ser verdadeiramente feliz, não basta meramente acreditar na existência de Deus, achando que tudo se resolverá. É preciso que nossa vida espiritual esteja realmente preenchida por Sua misericordiosa presença.

Instintivamente, todo ser humano busca a fé. Alguns com medo, outros com entrega total. Isso porque a fé é um dom gratuito de Deus, oferecido a todos os homens. Por outro lado, ela é como uma semente e precisa ser cultivada. Quando nascemos, Deus planta essa "matriz" em nossa essência como um potencial, que ainda não é ato. Já no batismo, a fé como virtude sobrenatural nos é infundida. Cabe a nós dar condições para o seu florescimento, o que requer algumas atitudes importantes. Ou seja, a fé é um dom de Deus que não caminha separadamente da vontade humana, pois, da mesma forma que acreditamos porque Deus assim o permite, igualmente ninguém acredita se não quiser.

Podemos tomar como exemplo a aptidão de tocar violão. Mesmo que a pessoa já nasça com esse dom, ela precisa estudar música, conhecer as notas, os ritmos, praticar. Assim também, se um ginasta parar de treinar, perderá o condicionamento físico. Com a fé, vale o mesmo princípio: se não a exercitarmos, dando-lhe "combustível" para que se fortaleça, nossa vida espiritual ficará enfraquecida e nos afastaremos de Deus.

A boa notícia é que sua fé, recebida no batismo, pode até estar adormecida, mas nunca morre. Se você recebeu os sacramentos da iniciação cristã, mas não deu continuidade à sua caminhada, ou ainda não teve uma catequese de base, pode fortalecer sua fé a qualquer momento por meio de uma adesão pessoal a Deus e à Sua verdade revelada, tendo plena confiança n'Aquele a quem Ele enviou, Jesus Cristo.

A oportunidade de crescer espiritualmente e, portanto, sair do quarto escuro e enxergar a luz depende não só da graça, mas também de nós mesmos.

Entre os "combustíveis" que fortalecem a fé, podemos destacar:

1) A Palavra de Deus

O que é preciso para haver amor? Conhecer. É impossível amar alguém sem saber quem é. Assim também não é possível ter fé sem conhecer a Palavra de Deus. Voltemos ao exemplo do dom da música: se não exercitamos os dedos, a memória auditiva, a habilidade, acabamos perdendo esse dom, pois não o desenvolvemos. Para estimular a fé, podemos recorrer à leitura da Bíblia e de artigos religiosos, bem como assistir a filmes de histórias bíblicas, que sempre combinam, de forma muito interessante, informação e entretenimento. A meditação sobre Deus, a vida e os ensinamentos de Jesus, permite-nos perpetuar a Sua missão.

2) A ORAÇÃO

Normalmente, as pessoas usam a oração para pedir alguma graça para si ou para familiares e pessoas queridas. Mas ela também pode ser usada para aumentar a própria fé, bastando pedir ao Senhor como os apóstolos: "Senhor, aumenta a nossa fé" (Lc 17,5) ou como clamou o pai da criança possessa: "Creio, Senhor, ajuda minha falta de fé" (Mc 9,24). Para facilitar, a oração ao final do capítulo faz exatamente isso.

3) A CARIDADE

Temos um conceito vago, ou demasiadamente reducionista, sobre caridade, associando-a ao assistencialismo. Na verdade, ela é marcada por valores mais abrangentes, como o empenho pela justiça social, pela defesa e dignidade da vida, e, como expressão concreta da fé, é ainda muito mais. Jesus, que passou pelo mundo fazendo o bem, ensinou que a caridade vai além de "amai-vos uns aos outros" (Jo 15,12), estendendo-se a "amai os vossos inimigos, e rezai por aqueles que vos perseguem" (Mt 5,44). Nesse sentido, ela fortalece a fé. Caridade e fé caminham juntas. Sem caridade, a fé é morta; sem a fé, a caridade fica sem sentido.

Conforme adverte São Tiago: "Se alguém diz que tem fé, mas não tem obras, que adianta isso? Por acaso a fé poderá salvá-lo? Por exemplo: um irmão e uma irmã não têm o que vestir e lhes falta o pão de cada dia. Então, alguém de vocês diz para eles: 'Vão em paz, aqueçam-se e comam bastante.' No entanto, não lhes dá o necessário para o corpo. Que adianta isso? Assim também é a fé: sem as obras, ela está completamente morta" (Tg 2,14-17).

> Fazer o bem ao próximo é imbuir-se da misericórdia divina, levando a graça do Espírito Santo mundo afora.

4) A esperança

A esperança é fruto da fé, mas é também o seu sustento. A nossa esperança tem sentido em Jesus, pois Ele é nossa esperança. Ninguém pode esperar de Deus a vida eterna, se antes não colocar sua confiança nas promessas de Jesus Cristo. Por isso, a esperança nos impulsiona a dar um passo a mais no crescimento espiritual e não nos deixa desanimar mesmo em meio às maiores tribulações.

Quando temos um problema e perseveramos, aos poucos descobrimos ser capazes de ir além, e é aí que a esperança dá sentido à vida.

5) Os sacramentos da Igreja

Nossa fé é alimentada dentro da Igreja. Portanto, é preciso vivenciar esse ambiente no dia a dia e, sobretudo, transformar os Sacramentos da Confissão e da Comunhão em hábitos, ainda que muitas vezes não se esteja disposto. Não podemos reduzir a fé ao imediatismo, ao sentimento egoísta de "estar com vontade ou não". Santa Teresa de Ávila ensinava que, quando não queremos ir à missa ou rezar, mas vamos mesmo assim, e rezamos mesmo sem consolação, é a fé que está falando mais alto. Portanto, a missa alcança maior valor e a oração, maior eficácia. Quando fazemos das tripas coração e conseguimos perdoar o imperdoável, como ensina Jesus Cristo, ou simplesmente sorrimos, ainda que a dor seja lancinante e nos incomode mais que tudo, damos uma grande demonstração de fé.

6) Os milagres

Deus confirma a ação do Espírito Santo com provas exteriores, que são os milagres. Trata-se de intervenções especiais de Deus para nos edificar na fé. A Igreja Católica admite milagres com a finalidade de mostrar o poder de Deus em ação no mundo. Entretanto, submete o caso a um longo processo de investigação antes de considerá-lo verídico.

Como exemplo, cito o Milagre Eucarístico (de Lanciano), na Itália, ocorrido por volta do ano 700. Nessa ocasião, enquanto celebrava uma missa, um monge da Ordem de São Basílio foi tomado por sérias dúvidas quanto à verdade da transubstanciação (transformação do pão e vinho em Corpo e Sangue de Jesus). Então, milagrosamente, viu a Hóstia converter-se em Carne viva e o vinho em Sangue vivo. A Hóstia-Carne apresentava, como ainda hoje se pode observar, uma coloração ligeiramente escura, tornando-se rósea se iluminada pelo lado oposto, e tinha uma aparência fibrosa; o Sangue era de cor terrosa (entre os tons amarelo e ocre), coagulado em cinco fragmentos de formas e tamanhos diferentes.

A partir de 1713, até hoje, a Carne passou a ser conservada numa custódia de prata, e o Sangue, num cálice de cristal. Passados mais de 250 anos, na década de 1970, análises feitas por cientistas comprovaram que a Carne e o Sangue eram certamente de natureza humana, e o resultado foi reconhecido pela Organização Mundial de Saúde (OMS).

7) Obediência

A característica fundamental da fé é a obediência, a submissão a Deus e à Sua verdade revelada. "Quem diz que conhece a Deus mas não cumpre os Seus mandamentos é mentiroso, e a verdade não está nele" (1Jo 2,4). Da mesma forma, ninguém é obediente a Deus se não confiar n'Ele. Deus testa nossa fé pela obediência. Quanto mais testados somos, mais fortalecidos na fé ficamos, desde que a nossa obediência não seja ligada à pressão ou ao medo. Somos livres, Deus não nos obriga a nada, por isso nossa obediência deve ser por amor a Ele, a exemplo de Jesus que, livremente e por amor, "humilhou-se a si mesmo, tornando-se obediente até a morte, e morte de cruz!" (Fl 2,8).

Dialogue com Deus

Muitas pessoas reclamam que Deus não atende seus pedidos. Mas será que elas já se perguntaram se Deus as ouve?

Mais que acreditar e confiar em Deus, ter fé é *dialogar* com Deus, é uma troca, uma via de mão dupla: damos e recebemos. O Evangelho de São Marcos, por exemplo, afirma que, em Nazaré, Jesus não pôde fazer muitos milagres porque ficou impressionado com a falta de fé do povo (Mc 6,1-6).

Entre os exemplos de fé, podemos citar a mulher que padecia por 12 anos com fluxo de sangue e pensava consigo mesma: "Se tocar, ainda que seja na orla do Seu manto, estarei curada." Admirado com sua fé e confiança, Jesus lhe diz: "Filha, a tua fé te salvou. Vai em paz, e sê curada do teu mal" (Mc 5,25-34).

No Antigo Testamento, como exemplo máximo de homem de fé, temos Abraão, que saiu de sua terra em busca do local prometido por Deus (Gn 12,1-12) e não hesitou nem mesmo quando Ele o testou pedindo-lhe Isaac, seu único filho, em sacrifício (Gn 22,2-12).

Algumas vezes, nossos pedidos não são realizados em razão de sua própria inadequação. Isso porque fazemos preces baseadas naquilo que é nossa vontade, nosso capricho, e não naquilo de que realmente estamos precisando. Nesse sentido, São Paulo confirma que o Espírito vem em nosso auxílio para nos ajudar a superar essa fraqueza de mal sabermos o que convém pedir, intercedendo por nós com gemidos inefáveis (Rm 8,26). Deus, por Sua vez, somente nos atende quando sabe que tal solicitação é melhor para nós e não nos fará mal. Em nossa fragilidade e visão estreita do mundo, não raro tentamos ir pelo caminho mais fácil, aquele que resolveria nossa situação no momento. Deus vai além: enxerga perfeitamente e sempre nos atende em nossas reais necessidades.

Com toda a certeza, Deus nunca deixa que nos falte coisa alguma.

Deus pode não nos dar tudo o que queremos, mas não nos deixará faltar aquilo de que necessitamos.

Não se acomode

É nesta vida que devemos aprender a amar, reparar os erros, perdoar e pedir perdão. Essa verdade já nos foi revelada, porém muitos insistem em culpar a Deus por calamidades, catástrofes e injustiças. De certa forma, é cômodo alegar: "Meu sofrimento é fruto de um 'carma' que trago em minha vida."

É mais fácil ainda acreditar que haverá uma nova encarnação, uma volta depois da morte para corrigir as atrocidades que porventura foram cometidas. Porém, isso não procede, por uma razão muito simples: a ideia da reencarnação fere a verdade da ressurreição de Jesus Cristo, que é a base da fé cristã. Aliás, o apóstolo Paulo, em sua primeira carta à comunidade de Corinto, é bastante claro quando se refere ao tema: "Se Cristo não ressuscitou, vã é a nossa fé, e se os mortos não ressuscitam, também Cristo não ressuscitou." E, se assim fosse, "seríamos os mais miseráveis de todos os homens" (1Cor 15,22).

Fiel à Palavra de Deus, que diz "os homens devem morrer uma só vez" (Hb 9,27), o Catecismo da Igreja Católica afirma categoricamente: "Não existe reencarnação depois da morte" (CIC 1013). A vitória de Cristo sobre o pecado e a morte está totalmente explicitada na Sua ressurreição. Portanto, devemos tomar posse dos frutos da redenção operada por Jesus e fazer por merecê-los.

Como?

Da mesma forma que Jesus, temos de conduzir nossas vidas em Deus. A vitória de Cristo já é nossa garantia, mas a vivência ou não dessa conquista depende de nós.

Quando Paulo propôs uma nova vida em Cristo Ressuscitado, caracterizada pela busca das "coisas do alto" e pelo deixar de lado as coisas da terra (Col 3,1), não se dirigia apenas à comunidade cristã de Colossos, mas a toda a humanidade.

E o que seriam as coisas da terra que devemos deixar para trás?

O texto enumera de forma clara: "a prostituição, a impureza, a paixão, o desejo mau e a cobiça, que é uma forma de idolatria" (Col 3,5).

Além disso, o "homem velho" que vive em nós deve dar lugar ao "homem novo". A vida de um cristão não comporta cultivar o ódio, a maldade, a maledicência e palavras obscenas. Na graça do Ressuscitado, temos de nos despojar de tudo isso, a fim de nos renovar e revestir das obras do Espírito.

Certa vez, enquanto eu pregava para um grupo de catequisandos adultos sobre a vitória de Cristo, um jovem me disse: "Tudo isso, padre, é muito bonito de ouvir, mas, na realidade, a vitória parece ser do Inimigo."

Sempre me lembro do que disse aquele jovem, porque, na verdade, quando olhamos para nós mesmos, ou para a nossa sociedade, encontramos dificuldades em presenciar os efeitos dessa vitória de Cristo sobre a morte. As sombras do pecado ainda estão muito densas em nossas relações. De modo geral, vivemos uma religiosidade medíocre, porque não deixamos a luz da Ressurreição nos renovar. Não nos abrimos ao Espírito Santo, que gera em nós a comunhão e a vida nova em Jesus Ressuscitado.

É mediante a ação do Espírito Santo que permanecemos unidos à videira que é Cristo e produzimos os frutos da ressurreição, amando-nos uns aos outros assim como Cristo nos amou.

Viver sob a força do Cristo Ressuscitado é despertar, acordar, estar vigilante e sempre pronto para a batalha. É estar com os olhos, o pensamento e o coração iluminados pelo Santo Espírito.

Acredite com consciência

A razão é própria do homem e a fé, um dom que o Criador concede ao homem. Por isso, não deve haver oposição entre elas. Pelo contrário. A fé unida à inteligência e à razão propaga-se com maior facilidade. Sem a razão, pode se transformar em fanatismo. Portanto, devemos buscar o equilíbrio entre a fé e a razão.

Segundo Santo Tomás de Aquino, a razão e a fé realizam-se juntas. Mesmo reconhecendo a autonomia da razão, afirma que, sozinha, ela é incapaz de penetrar nos mistérios de Deus, apesar de ser Deus a sua finalidade. Para o santo, a razão presta um valioso serviço à fé, ela é serva da fé (Suma Teológica I, 1).

Já o Papa João Paulo II inicia a encíclica *Fé e Razão* afirmando: "A Fé e a Razão constituem como que duas asas pelas quais o espírito humano se eleva para a contemplação da verdade" (*Fides et Ratio*, introdução).

O mesmo se dá em relação à ciência. A fé e a ciência não estão em lados opostos, mas comungam de um mesmo objetivo comum: a verdade. Como disse o Papa Bento XVI: "A fé não desvaloriza a ciência."

A ciência ajuda a fé a não cair no fanatismo e a termos consciência de que necessitamos do conhecimento humano e das descobertas. Por outro lado, a fé ajuda a ciência a ter consciência de que é limitada, pois existe algo sobrenatural que ela não explica, e isso a torna menos presunçosa. A fé torna a ciência mais ética, mais humana e mais cautelosa ao usar o conhecimento, que é dom do Criador, para o bem da humanidade.

Estabeleça uma linha direta com os santos

É importante deixar claro que os milagres vêm apenas de Deus, e só existe um único intercessor perante o Pai Eterno: Jesus Cristo (2Tm 2,5-6). Nem Nossa Senhora, por si só, tem a força para concedê-los. Na tradição teológica, existe o que chamamos de *Mysterium Lunae* (Mistério da Lua), segundo o qual Maria e todos os santos brilham como a lua, mas não resplandecem por luz própria, brilhando graças àquela que emana de Cristo.

Quando nos ajoelhamos aos pés da Virgem ou de algum santo, é porque o local é sagrado e aquela determinada imagem nos aproxima de Jesus Cristo, que, por Sua vez, nos leva a Deus, conforme Suas próprias palavras: "Eu garanto a vocês: quem crê em mim, fará as obras que eu faço, e fará maiores do que estas, porque eu vou para o Pai" (Jo 14,12).

Jesus diz: "Ninguém vai ao Pai senão por mim" (Jo 14,16).

Então, por que rezar para os santos?

Justamente porque eles agem em nome de Jesus. Um exemplo é a cura do coxo de nascença operada pelos apóstolos Pedro e João na porta do Templo: "Não tenho nem ouro nem prata, mas o que tenho te dou. Em nome de Jesus Cristo Nazareno, levanta-te e anda" (At 3,1-7). Como se pode perceber, os apóstolos deixam claro que é somente pelos méritos de Cristo que a graça ocorreu. Não por acaso, as orações dirigidas aos santos sempre são concluídas com as palavras "por Cristo Senhor Nosso".

A santidade é vocação de todo cristão: "A vontade de Deus é esta: a nossa santificação" (1Tes 4,3). Ou seja, é vontade de Deus que todo o Seu povo seja santo, como está expresso no livro do Levítico: "Sede santos, porque eu, o Senhor, vosso Deus, sou santo" (Lv 19,2). Depois, Jesus recomenda: "Sede perfeitos como vosso Pai celeste é perfeito" (Mt 5,48).

Para serem declarados oficialmente santos, a vida desses homens e mulheres foi pesquisada pela Igreja, constatando-se que praticaram a virtude em grau heroico. Porque receberam a graça de viver a felicidade plena e eterna ao lado de Deus, podem interceder por nós. Portanto, recorrer a Nossa Senhora e aos santos não é idolatria, uma vez que os veneramos e respeitamos como amigos de Deus. São nossos intercessores na comunhão dos santos.

A Igreja Católica procura expressar a forma mais correta de relacionamento com os santos, Nossa Senhora e Deus. Esta forma divide-se em três classes de culto:

- Culto de *latria*, que significa adorar. É o culto de adoração, reservado unicamente a Deus.
- Culto de *dulia*, cujo sentido é honrar. É o culto de veneração reservado aos santos.

- Culto de *hiperdulia*, que é uma forma superior do culto de honra, mas está abaixo do culto de adoração. Esse é o culto especial de veneração reservado somente a Maria Santíssima, como Mãe de Deus.

À medida que conhecemos a vida dos santos, compreendemos que não se trata de seres com uma condição humana diferente da nossa, como nos mostra São Tiago: "Elias era um homem pobre como nós e orou com fervor para que não chovesse sobre a terra, e por três anos e seis meses não choveu. Orou de novo, e o céu deu chuva, e a terra deu o seu fruto" (Tg 5,17s). Tampouco tiveram superpoderes como os heróis das histórias de aventura. Não. Foram pessoas simples como eu e você e, muitas vezes, não realizaram grandes feitos, mas santificaram-se nas pequenas obras. Em sua maioria, foram pessoas cujo maior atributo foi atender ao chamado de Deus e viver a vocação à santidade, sendo fiéis a Jesus até o fim, entregando sua vida a Ele e por Ele.

Sem nenhum receio, podemos pedir a intercessão deles, mas, principalmente, devemos buscar reproduzir suas virtudes e conhecer seus testemunhos de vida, que podem servir de apoio em nossa caminhada, para que não desanimemos e vençamos todos os obstáculos.

Confie em Deus acima de tudo

Devemos confiar sem limites no amor de Deus e em Seu poder, deixando sempre por conta da sabedoria de Deus o tempo e o modo de nos atender. Mas que vai nos atender — de um modo ou de outro — isso é certíssimo e nisso devemos apostar com toda a ousadia da nossa fé e da nossa oração.

Infelizmente, nem todos demonstram uma fé ousada. Isso explica por que Jesus repreendeu os discípulos dizendo: "Por que este medo, gente de pouca fé?" (Mt 8,26; Mc 4,40).

Sim, precisamos ser mais ousados na fé. Às vezes, por timidez ou pelo condicionamento a uma rotina, deixamos de arriscar e não tomamos posse daquilo que Jesus nos oferece.

A Bíblia nos dá vários exemplos de pessoas que acreditaram, arriscaram e, com isso, conseguiram tomar posse da graça. Em um deles, Jesus estava ensinando, enquanto alguns homens tentavam sem sucesso fazer chegar até Ele um doente acamado. Diante dos obstáculos, da barreira que se formava ao redor de Jesus, poderiam ter desistido e ido embora, mas eles ousaram: subiram no topo da casa onde Jesus pregava, tiraram as telhas até que o vão fosse suficiente para permitir a passagem de uma maca e, com muito esforço, desceram-na até ficar diante de Jesus (Lc 5,17-26).

A visão repentina de um doente em uma maca e a constatação da ousadia daqueles homens, movidos unicamente por sua fé, impressionou Jesus, que curou o enfermo.

Outro exemplo é o da mulher cananeia, integrante do povo cananeu, adorador de outros deuses, que, numa atitude ousada de fé, pediu para Jesus libertar sua filha atormentada por um demônio (Mt 15,21-28). Apesar de ser pagã e da condição desfavorável das mulheres na sociedade daquele tempo, ela acreditou na superação dos obstáculos e despertou a admiração de Jesus, que atendeu seu pedido.

O cego Bartimeu, por sua vez, também arriscou, a despeito da repreensão que recebeu para que se calasse, gritando com mais força: "Filho de Davi, tem compaixão de mim!" Jesus ouviu e parou para atendê-lo, curando-o da cegueira (Mc 10,46-5).

Muitas vezes, o que parece insano aos olhos dos homens pode não sê-lo aos olhos de Deus. Dar a vida em lugar de um pai de família, como fez São Maximiliano Kolbe, ou pôr-se nu diante do Bispo e de toda a cidade de Assis, atitude extrema tomada por São Francisco, são exemplos de ousadias que podem até estar distantes do nosso cotidiano, mas guardam uma lição importante e muito valiosa para todos nós: quem arrisca confiando em Deus sempre será atendido.

Por isso, não se acanhe em demonstrar sua ousadia na fé e sempre termine suas preces repetindo as palavras sábias de Santa Teresa: "Obrigado, Senhor, pela graça que eu já recebi!"

ORAÇÃO

Senhor, neste momento de oração, venho pedir: aumenta a minha fé, porque, nos momentos de tribulação e nas "noites escuras" da vida, será a fé a me guiar.

Na enfermidade do corpo, quando a doença já estiver presente, será a fé a me curar.

Aumenta a minha fé, Senhor, porque nos momentos de discussão e de conflitos familiares, será a fé que me fará perdoar.

Nos momentos de desemprego, quando as dificuldades aumentarem, será a fé a me sustentar.

Aumenta a minha fé, Senhor, porque nas horas em que as pedras aparecerem no caminho e eu tropeçar, será pela fé que me levantarei.

Aumenta a minha fé, Senhor, para que, durante toda a vida e, principalmente na hora da morte, a fé me leve a crer na ressurreição.

Aumenta a minha fé, Senhor, dilata meu coração e faze com que o Teu Espírito derrame sobre mim a chama e o fogo do amor.

Amém.

2º Passo

Buscar a maturidade

Na música "Creio no Deus do Impossível", de minha autoria, há a seguinte afirmação: "Sou uma obra inacabada", baseada no que diz o Salmo 137: "Completai em mim a obra começada; ó, Senhor, vossa bondade é para sempre! Eu vos peço: não deixeis inacabada esta obra que fizeram vossas mãos!" (Sl 137,8).

Esse também foi o lema escolhido para minha ordenação diaconal, em 1994: "Não deixeis inacabada esta obra, Senhor."

O que isso quer dizer?

Que a vida é um processo de evolução contínua, do corpo e da alma. É a graça de Deus agindo em nós. Contudo, depois de certo tempo, muitas pessoas tendem a achar que já aprenderam tudo o que tinham para aprender e não vão mais mudar. Quantas vezes escutamos alguém afirmar algo desse tipo e aplaudimos, acreditando tratar-se de uma pessoa decidida, dotada de grande sabedoria!

Infelizmente, é exatamente o contrário: toda essa certeza aparente é, na verdade, um véu que cobre sua visão e a impede de evoluir.

> Somos uma obra nas mãos de Deus e nossa maturação se realiza no esforço próprio de evoluir, com ajuda da graça.

Existem pessoas que carregam neuroses afetivas, por exemplo, de um pai ou uma mãe cujo comportamento negativo desencadeou o surgimento de traumas. Com o tempo, elas acabam sendo transferidas para outras esferas de sua vida, incluindo a espiritual.

A transformação da imagem do Deus verdadeiro, misericordioso e acolhedor em um Deus punitivo, vingativo ou justiceiro é um exemplo de neurose, que, muito provavelmente, tem origem em problemas e crenças negativas cultivadas desde a infância. Pessoas fanáticas, que não conseguem conviver em paz dentro de um ambiente ou não são capazes de compartilhar suas tarefas com outros colegas, também apresentam quadro de neurose espiritual.

Preste atenção aos sinais

Geralmente, os traumas que herdamos e as emoções negativas que manifestamos são obstáculos para o desenvolvimento de uma postura de fé madura. O texto da carta escrita por São Paulo aos Efésios atenta para isso: "Até que todos nós, juntos, nos encontremos unidos na mesma fé e no conhecimento do Filho de

Deus, para chegarmos a ser o homem perfeito que, na maturidade do seu desenvolvimento, é a plenitude de Cristo" (Ef 4,13). O próprio Apóstolo admite em seus escritos que passou de "infantil e imaturo" para "maduro na fé". Jeremias, por sua vez, também vivenciou esse processo. E, assim como esses, a Bíblia está repleta de outros exemplos.

Os sinais mais comuns de que ainda estamos numa fase infantil da fé são:

- Incapacidade de aceitar todas as exigências do Evangelho, especialmente os deveres.

Há pessoas que gostam de uma parte da Bíblia, mas não querem saber da outra, achando que não deveria existir. Concordam em alguns pontos com Jesus, mas não em todos. O texto que mostra isso com maior precisão está na Primeira Carta aos Coríntios, que, numa versão mais simplificada para fins de ensinamento, diz o seguinte: "De fato, quando Deus mostrou Sua sabedoria, o mundo não reconheceu a Deus por meio dela. Por isso, Deus serviu-se da loucura da pregação para salvar os que acreditam. Os judeus pedem sinais e os gregos procuram a sabedoria; nós, porém, anunciamos Cristo crucificado, escândalo para os judeus e loucura para os pagãos. Mas, para aqueles que são chamados, tanto judeus como gregos, Ele é poder de Deus e sabedoria de Deus. Pois o que é loucura de Deus é mais sábio do que os homens, e o que é fraqueza de Deus é mais forte do que os homens" (1Cor 1,21-25).

Paulo está puxando a orelha da comunidade de Corinto ao afirmar que ela ainda não se encontrou. E quanto a nós? Será que também somos uma comunidade que não busca a sabedoria de Deus? Se não, por que as diretrizes do Evangelho parecem loucuras?

Nós ficamos sempre com um pé na "loucura" de Cristo e outro na sabedoria dos homens. Escutamos, por exemplo, aqueles que defendem o aborto, de um lado, e um Deus que prega em favor da vida, de outro, e ficamos na corda bamba. Escutamos um grupo que recomenda "Levou bordoada, dê bordoada!" ou "Se fulano te tratou mal, não leve desaforo para casa", enquanto Jesus diz "Reze por aqueles que te odeiam", e não sabemos como agir. Ainda estamos divididos, por isso não crescemos.

- *Deixar-se levar pela carne.*

Não se trata somente da atitude de se deixar levar pelo sexo, mas, em geral, de agir de acordo com motivações mundanas, como inveja, rancor, raiva e ambições pessoais. Novamente, é São Paulo quem elucida essa questão: "Exorto-vos, irmãos, pelo nome de nosso Senhor Jesus Cristo: sede todos unânimes no falar e não haja entre vós divisões, antes sede concordes no mesmo pensar e no mesmo sentir. Isto, irmãos, digo, porque, pelos familiares de Cloé, eu soube que há entre vós discórdias. Com isso entendo que cada um de vós diz: Eu sou discípulo de Paulo; eu, de Apolo; eu, de Cefas; eu, de Cristo. Está Cristo dividido? Ou foi Paulo crucificado por vós? Ou fostes batizados em nome de Paulo? Dou graças a Deus por não ter batizado nenhum de vós, a não ser Crispo e Gaio. Para que ninguém possa dizer que fostes batizados em meu nome. Aliás, batizei também a casa de Estéfanas. Mas não me consta ter batizado nenhum outro" (1Cor 1,10-16).

Na verdade, o Apóstolo está desabafando, porque alguém lhe contou que a comunidade estava dando problema. Então, ele mandou essa carta, dizendo: "Contaram-me que entre vocês está uma briga, porque um diz que é de Pedro, outro de não sei quem." E completa: "Graças a Deus não batizei ninguém, a não ser um e outro, mas esses eu garanto."

- *Cultivar a presunção.*

Aquele que acredita demasiadamente nas próprias forças e não reconhece que tudo é dom de Deus, sobretudo as qualidades, demonstra ter um espírito imaturo. Por outro lado, quanto menos autossuficientes somos e mais confiança depositamos na Providência, mais maduros estamos na fé.

O exemplo disso está nos seguintes trechos do Evangelho de São Mateus: "Disse-lhe Jesus: Deixai vir a mim as criancinhas e não as impeçais, porque delas é o Reino dos Céus" (Mt 19,14). "Em verdade vos digo: se não vos transformardes e vos tornardes como criancinhas, não entrareis no Reino dos Céus. Pois aquele que se fizer humilde como esta criança será maior no Reino dos Céus" (Mt 18,3ss).

- *Ser dominado pelo egocentrismo.*

Erramos ao exaltar nosso próprio carisma em lugar de nos comprometermos a aspirar às "coisas do alto". Isso porque ter uma afetividade centrada em nós mesmos, fechada ao outro, fere Deus, que nos amou primeiro e nos deu o mandamento do amor (1Jo 4,19).

Nesse sentido, a busca exclusiva do próprio prazer no casamento (ou mesmo fora, pela masturbação) é um erro, e por que não dizer um pecado, pois a sexualidade no casamento deve estar voltada para o outro.

Uma pessoa que tem uma afetividade egocêntrica é estéril. Uma mulher egocêntrica até pode gerar filhos, mas não é capaz de educá-los.

- *Fazer por obrigação e não pela gratuidade do amor.*

Se vamos à missa apenas por medo de que um raio caia em nossa cabeça ou alguma outra catástrofe ocorra em nossa vida, temos um conceito errado de Deus, o que é um sinal de imaturidade. Carregar a vida nas costas, como se comer, rezar, amar, trabalhar fossem um peso, não faz bem à coluna nem à fé.

- *Ser uma pessoa volúvel.*

Sempre que a fé não é solidificada no Evangelho (Ef 4,14), ela torna-se instável, tornando-nos imaturos. Isso explica o comportamento daquelas pessoas que vão e não vão, querem e não querem, estão com os pés na Igreja, mas resolvem os conflitos morais e espirituais segundo outros princípios. Neste contexto, vemos o quão necessário é investir numa formação cristã.

- *Descabelar-se diante de um problema e perguntar: "Senhor, por que isso está acontecendo comigo?"*

Essa pergunta revela imaturidade. Se Jesus tirou da cruz a salvação, Maria tirou do filho morto a alegria da ressurreição, Paulo tirou de seu desconforto a possibilidade de ser um novo apóstolo. Não conseguir tirar do mal o proveito do bem é sinal de imaturidade.

Fazermo-nos vítimas de nossos traumas é covardia. Fazermo-nos vítimas de uma família problemática é covardia. Deus nos dá a graça e capacita-nos. Ele quer que sejamos pessoas adultas física, sexual, afetiva e espiritualmente.

Tenha uma meta

Muitos de nós temos pretensões de melhorar de vida, porquanto almejamos conseguir um aumento salarial ou até uma promoção na carreira: "Estou aqui e quero chegar lá!" Conscientes dessa meta, passamos a planejar as ações que nos levarão a atingi-la.

Na vida espiritual, tudo deve funcionar de modo semelhante, ou seja, se quisermos evoluir como seres humanos e filhos de Deus, devemos agir com a meta de chegar à maturidade de Cristo.

Não podemos começar e terminar um ano da mesma forma que o anterior. Se ficamos mais velhos, mais enrugados e mais perto da morte, queiramos ou não, que possamos também fazer algo por nossa livre e espontânea vontade: crescer espiritualmente.

Certamente não é uma tarefa fácil. Trata-se de um processo de crescimento, um itinerário a ser percorrido que exige o exercício de virtudes, tanto aquelas recebidas no batismo, como fé, esperança e caridade, quanto as adquiridas ao longo da vida, como prudência, fidelidade, resistência, perseverança, entre tantas outras que, quando trabalhadas diariamente, levam à maturidade cristã.

Mas crescer dói, é o que diz a voz do povo. A voz de Deus, por sua vez, alerta: alcançar a maturidade cristã implica dedicação, esforço e sacrifício. No vocabulário cristão, usamos a palavra "ascese" para resumir tudo isso, ela, porém, nem sempre é vista com bons olhos, porque é comum associá-la às práticas de mortificação e negação dos sentidos realizadas especialmente durante o período medieval. Na verdade, ascese é um elemento importante para a maturidade cristã, referindo-se ao esforço contínuo da prática virtuosa na busca de Deus. Um cristão que deseja sair do plano mediano para voar alto e aumentar a comunhão com Deus tem de passar pela ascese no sentido positivo, ou seja, pelo exercício das virtudes e o domínio das tendências. Sem isso ninguém cresce.

Se, apesar de todas as dificuldades enfrentadas, Santos Dumont não tivesse persistido e insistido em construir o avião até chegar ao protótipo que conseguiu alçar voo e se manter no ar, hoje não viajaríamos de avião. Na vida, vale o mesmo princípio: se quisermos voar mais alto, devemos perseverar. O problema é que damos o primeiro "pulinho", caímos e paramos.

Outras religiões também enfatizam a importância dos estágios probatórios para alcançar a perfeição. O budismo, por exemplo, propõe que o budista passe por um longo exercício de meditação e controle das paixões para chegar à iluminação e assim atingir o Nirvana. No espiritismo kardecista, por sua vez, a busca das obras de caridade e de espiritualidade é apontada como a condição para se alcançar o estado de espírito puro.

Na religião católica, a prova é o próprio itinerário a ser percorrido em busca da maturidade cristã. Saímos de um estado que pode ser definido como namoro espiritual, passamos pelo noivado, até chegarmos ao compromisso de um casamento com Deus. São Paulo reforça essa constatação: saímos do homem velho para o homem novo a fim de chegar ao estado de maturidade, adultos na fé (Ef 4,13-14).

Na prática, as ações que levam à maturidade e garantem a graça de Deus agindo em nós são:

- Ter convicção de Deus, ter convicção da fé (Rm 14,5; 1Ts 1-5.)
- Discernir entre o certo e o errado, nunca buscando fazer a vontade própria e sim a vontade de Deus (Hb 5,14).
- Ter docilidade para com o Espírito Santo e vivenciar os seus frutos: amor, paz, alegria, paciência, bondade, fidelidade, brandura e temperança (Gl 5,22).
- Ter uma vida sacramental. Se Cristo está presente nos sacramentos, só somos maduros na fé quando buscamos Cristo nos sacramentos.

- Fazer a fé frutificar obras.
- Preocupar-se com a salvação do mundo e empenhar-se nisso.

Não existe espiritualidade ou santidade fechada em si mesma. Santa Teresinha do Menino Jesus, aos 15 anos, vivia num claustro e tinha tudo para se fechar, mas dedicou sua vida à salvação dos pecadores. A pessoa que está chegando perto de Deus e não se abre não é de Deus.

- Buscar constantemente a conversão, não deixando que os pensamentos se tornem mundanos.
- Afastar-se do mal e abrir-se a Deus.

Cristão adulto é aquele que, aconteça o que acontecer, está enraizado em Cristo, firme na fé (Rm 11,20).

Que, a partir dessas ações, cada um encontre a maturidade espiritual, fase adulta da fé.

ORAÇÃO

Jesus amado, fonte da vida, fonte de todo bem,

Tu que nos deste a eternidade, abrindo-nos as portas da ressurreição.

Senhor, ajuda-me a buscar a maturidade espiritual.

Ajuda-me a compreender os sinais de quando Tu passas em nossa vida, como passaste na vida da samaritana, de Zaqueu, dos apóstolos e deixaste marcas de profundo amor.

Olha para mim, Senhor!

Que eu possa ouvir de Teus lábios ungidos: "Eu te quero em uma vida de plenitude."

Senhor, que minha vida seja de fato plena, então, ajuda-me a deixar as trevas, as sombras, os erros e chegar a uma fé madura.

Quero renascer no Teu Espírito, quero nascer na graça de uma vida nova.

Põe Tuas mãos em minha vida, Senhor!

Põe Tuas mãos santas. Mãos benditas. Mãos que curam. Mãos que acalentam.

Peço, Senhor, põe Tuas mãos na minha vida, na minha miséria humana, nas minhas fragilidades, nas minhas marcas, nas minhas feridas.

Eu abro meu coração neste momento, Senhor.

Faze em mim uma obra nova.

Eu Te peço a graça de ter minha vida restaurada.

Repousa as Tuas mãos em mim.

Eu me ofereço como um barro nas mãos do oleiro.

Não deixes a obra inacabada, Senhor.

Quero renascer, quero viver no Teu amor.

Amém.

3º Passo

Exercitar a oração como diálogo

Vivemos numa constante tensão entre o que é certo e errado, bonito e feio, perene e efêmero, necessário e supérfluo. Essa é a batalha que Jesus enfrentou e continua dentro de nós. Para vencê-la, assim como Nosso Senhor, precisamos ter discernimento em nossas escolhas. Contudo, nenhum discernimento nos é dado sem uma vida de oração, o que significa se colocar na presença de Deus e se deixar iluminar por Sua infinita sabedoria.

> **Jesus insiste muito na oração. Rezar sempre foi um apelo e uma atitude constante na vida e pregação de Jesus.**

Por isso, é muito importante aprender a rezar. Nós achamos que já sabemos, mas não é verdade. A oração é um exercício contínuo. No começo, assemelha-se a tentar dirigir um veículo pela primeira vez: a condução não flui, o carro "afoga" várias vezes e dá até vontade de desistir. Mas, à medida que treinamos, tudo vai entrando nos eixos. Com a oração também é assim: quanto mais exercitamos, maior a nossa intimidade com Deus.

Recebi, no programa "Fé em Debate", uma pergunta sobre essas correntes de oração em que se recomendava fazer 91 cópias em 9 dias e, caso isso não fosse cumprido, algo ruim aconteceria. A ouvinte estava preocupada, porque em um mês algumas coisas deram errado. Respondi que quando recebo correntes desse tipo, e recebo muitas, eu deleto sem nenhum peso na consciência. Em minha paróquia, se nos mandam oração, não vejo problema. Mas, se impõem a necessidade de multiplicar, fazer "mil cópias", eu peço para queimarem. E ninguém deve ficar temeroso por não acatar essas correntes que em nada ajudam e só servem para trazer mais apreensão.

É uma pena que a maioria das pessoas limite-se a rezar por meio de fórmulas prontas. Elas funcionam, não há dúvida, mas não são o único caminho para entrar em contato com Deus. Com o tempo, acabam transformando-se em "muletas", algo que apenas nos sustenta, mas não nos faz avançar.

A oração é muito mais do que isso. Assim como a fé, é um dom inspirado pelo Espírito Santo e, como todo dom, precisa ser desenvolvido.

Onde buscar conteúdo para a oração?

Além do Espírito Santo, de onde vem a máxima inspiração para quem reza, pode-se listar outras quatro fontes:

1) A Palavra de Deus, que é o alimento da oração e nos permite dialogar com o Altíssimo. Assim diz Santo Ambrósio: "A Deus falamos quando rezamos. A Deus ouvimos quando lemos a Sagrada Escritura."

2) A liturgia da Igreja e todos os sacramentos, que enlevam nossos corações e nos colocam em profunda comunhão com Deus.

3) As virtudes teologais fé, esperança e caridade ou amor. Por meio da fé, sentimos a presença real de Deus. Já a esperança nos mantém firmes enquanto aguardamos, como nos dizem os Salmos: "Esperei ansiosamente no Senhor. Ele se inclinou para mim e ouviu meu grito" (Sl 40,1). Quanto ao amor, a terceira virtude teologal, São João Maria Vianney afirma que o amor é a fonte da oração e quem dela bebe atinge o seu cume.

4) A própria vida cotidiana. Os acontecimentos do dia a dia, como as aflições pessoais e os problemas familiares podem, e devem, ser revelados e colocados na presença de Deus, preenchendo nossas orações.

Santo Agostinho diz: "Teu desejo é a tua oração. Se o desejo é contínuo, também a oração. Ainda que faças qualquer coisa, se desejas aquele repouso do sábado eterno, não cesses de orar. Se não queres cessar de orar, não cesses de desejar."

É importante lembrar que não existe outro caminho para a oração senão Jesus Cristo Ressuscitado, ou seja, toda oração só tem acesso ao Pai se for em nome de Jesus Cristo (CIC 2664). Portanto, digo e repito o que é bíblico e do Magistério da Igreja: Jesus é o único caminho que leva ao Pai.

Mas como ficam as novenas dos santos e de Nossa Senhora diante da afirmação de que toda oração só chega ao Pai se orarmos em nome de Jesus? Já foi explicado em outro capítulo que podemos pedir a intercessão dos santos e da Virgem Maria, porém a oração legítima, realizada dentro da Igreja, é dirigida ao Pai, por Jesus Cristo, no Espírito Santo. Também os Salmos do Antigo Testamento são vistos numa perspectiva da ressurreição.

Portanto, somos chamados a rezar em nome de Jesus. A invocação do Seu nome é o caminho mais simples para a oração. Orar a Jesus é invocá-Lo, chamá-Lo em nós. O nome de Jesus contém tudo: Deus e homem e toda a salvação. Porque todo aquele que invocar o nome do Senhor será salvo (Rm 10,13).

Expressões ou modelos de orações

Achamos que uma oração somente pode ser feita por meio de palavras, mas o próprio Magistério da Igreja ensina que há três expressões de oração. São elas:

1) Oração vocal. Deus fala ao ser humano por meio de Sua Palavra, e é sem dúvida por meio de palavras que nos dirigimos a Ele. Essa é uma forma de expressão indispensável para a vida cristã, tanto que Jesus nos ensina uma oração vocal, o Pai-Nosso, e também rezou as orações litúrgicas da sinagoga, ao dizer em voz alta: "Eu te louvo, ó Pai..." (Mt 11,25). No Getsêmani ou Horto das Oliveiras, jardim onde Jesus rezou, passou por momentos de angústia e foi preso, Ele suplicou: "Aba! (Pai!). Tudo Te é possível; afasta de mim este cálice!" (Mc 14,36).

É importante ressaltar que, na oração vocal, as palavras não precisam ser necessariamente verbalizadas. Podemos falar com Deus no silêncio do nosso coração.

Outro exemplo de oração vocal é a oração litúrgica, também chamada de oração das multidões. Trata-se da primeira forma de rezar e expressar-se, associando os sentidos à oração interior. Nela, o nosso corpo fala. Ajoelhar-se diante de Deus é um sinal de reverência da criatura diante do Criador. Já ficar em pé indica prontidão. Manter as mãos elevadas, um pedido de intercessão.

Quem canta, por sua vez, reza duas vezes, conforme afirmou Santo Agostinho. De fato, o canto litúrgico dá força às palavras, valoriza a linguagem, demonstra e estimula a unidade dos fiéis, ao mesmo tempo que sai do coração como expressão de louvor, pois, embora se cante com a boca, também se canta com o coração, a vida e a alma.

O canto é uma força transformadora que toca as profundezas da alma e eleva o coração para o encontro com Deus, sendo Ele mesmo a razão do nosso cantar.

Apesar de toda a força da oração vocal, não podemos esquecer que é necessário colocar sentido interior ao que a boca diz, conforme alerta São João Crisóstomo: "Para que nossa oração seja ouvida importa não só a quantidade de palavras, mas o fervor de nossas almas."

2) Meditação. É, sobretudo, uma procura. O espírito procura compreender o *porquê* e o *como* da vida cristã, a fim de aderir e responder ao que o Senhor pede (CIC 2705).

Essa prática exige recolhimento e, habitualmente, recorre-se à ajuda de um texto. A *meditação* deve *atualizar* o texto e trazê-lo para dentro da nossa realidade. A essência desta expressão de oração é deixar que Deus nos fale, e o que fazemos é simplesmente meditar. Por exemplo, quando lemos a Bíblia, mais precisamente o Evangelho, tentamos descobrir o que Deus suscita em nosso coração. Meditar é uma forma de encontrar a resposta àquela pergunta fundamental que devemos fazer sempre: "Senhor, o que queres que eu faça?" Há muitos métodos de meditação, mas o mais importante é escutar os apelos de Deus no coração.

3) Oração mental ou contemplação. É aquela em que separamos tempo para estar a sós em silêncio, na companhia do Senhor. A oração mental busca "Aquele que meu coração ama". É Jesus e, n'Ele, o Pai (CIC 2709).

Nesta expressão de oração, não existe um texto nem fórmulas, como ocorre na meditação. Ela simplesmente surge de forma espontânea e, embora possamos usar a voz exterior, não há necessidade de palavras, bastando apenas ter o olhar da fé fixo em Jesus, como o olhar do camponês de Ars para Jesus: "Eu olho para Ele e Ele olha para mim."

Se na oração vocal falamos com Deus e na meditação Deus nos fala, na oração mental há um diálogo silencioso, um relacionamento entre nós e o Senhor. Falamos e o Senhor nos escuta, e também responde, colocando em nossa mente sentimentos e ideias referentes ao que Lhe dissemos. Para essa verdadeira comunhão, não basta apenas silenciar o exterior, temos de aquietar nosso interior.

Há pessoas que vivem isoladas, mas dentro dos seus corações existe muito "barulho" de emoções e inquietações. No entanto, sem o silêncio interior, é impossível escutar Deus.

Santa Teresa de Ávila assim se expressa sobre a oração mental: "A meu ver, é um comércio íntimo de amizade em que nos conservamos a sós com Deus. Com esse Deus por quem nós sabemos ser amados" (CIC 2709). A oração mental é a busca de um coração que ama e deseja encontrar o Amado.

De uma forma geral, devemos lembrar que toda oração requer determinação, disciplina, portanto é preciso reservar tempo, começando com uns dez minutos, e cumprir esse compromisso à risca. Nada de fazer o que alerta Santo Inácio: "Hoje, você se propõe a rezar cinco minutos e o Diabo te faz rezar quatro, amanhã te faz rezar três, depois dois, depois nada."

O papel de Maria na oração

Maria é nossa intercessora. Se Jesus é o caminho, Maria é quem nos mostra o caminho. Se Jesus nos leva ao Pai, Maria é o sinal, a seta. Ela nos aproxima de Jesus. Portanto, podemos confiar a Maria as súplicas que fazemos a Jesus, pois ela conhece nossa humanidade.

Uma das mais fortes e profundas orações, a Salve-Rainha, é dirigida a Nossa Senhora. Por seu intermédio, recorremos a Nossa Senhora com confiança filial, saudando-a como Rainha e Mãe da Misericórdia, pois é Mãe de Jesus, Rei do Universo e Deus de Misericórdia. Nossa Senhora é vida, doçura e esperança. A Ela expomos nossa condição de herdeiros do pecado original, bem como nossas misérias e dores. Pedimos que Ela esteja com seu olhar voltado para nós e que, no final de nossa peregrinação terrestre, mostre-nos Jesus, razão da nossa fé e da nossa esperança na ressurreição e na vida eterna.

Maria é modelo da orante perfeita, é a figura da Igreja que se reza. Jesus, sim, é o único que nos leva ao Pai, mas Maria seguramente nos leva a Jesus. E isso também se aplica aos santos, conforme já explicado.

Uma pessoa me perguntou se a repetição da oração no terço não foi condenada por Jesus. De fato, Ele diz: "Nas vossas orações, não multipliqueis as palavras, como fazem os pagãos que julgam que serão ouvidos à força de palavra" (Mt 6,7). No entanto, em seguida, nesse mesmo texto, Jesus nos ensina a rezar o Pai-Nosso.

Na verdade, o problema não é a repetição, e sim o discurso vão e a arrogância na oração. A oração do terço, o Santo Rosário, é uma oração repetitiva, mas quando rezada de coração é uma meditação dos mistérios salvíficos. Em cada mistério que contemplamos, colocamos no horizonte da nossa oração uma lembrança da economia, do processo da salvação, algo importante da vida de Jesus. Ao contrário do que se pensa, a oração do terço é cristológica. Rezamos com Maria meditando os mistérios da redenção operada por Jesus.

> Jesus nos ensinou a rezar de coração como Ele mesmo rezava. Para isso, alguns elementos são importantes na oração, como a humildade, por exemplo. Aqueles que, de coração, clamam ao Senhor, sentem-se pequenos, humildes e necessitados d'Ele. Como ensina Santa Teresinha, na pequena via, colocam-se diante de Deus como crianças necessitadas de amor.

Quando a oração não é atendida, como saber o que está errado?

Achamos que rezar é só pedir, pedir e pedir. Às vezes, só lembramo-nos de Deus quando "a água chega ao pescoço". Há os que só voltam a Deus pela dor. Precisam passar por um diagnóstico de câncer, um acidente, uma provação profunda para se lembrar de Deus. Isso não é uma vida de oração saudável.

A oração é um combate e nós devemos lutar contra tudo aquilo que nos faz desanimar, como a sensação de fracasso, ressentimento ou decepção por aparentemente não termos sido atendidos. Isso é o que chamamos de aridez espiritual, a qual deve ser expurgada pela fé pura que se mantém fielmente com Jesus na agonia e no túmulo. "Se o grão de trigo que cai na terra não morrer, permanecerá só; mas se morrer produzirá muito fruto" (Jo 12,24).

Santo Agostinho diz: "Não te aflijas se não recebes imediatamente de Deus o que Lhe pedes; pois Ele quer fazer-te um bem ainda maior por tua perseverança em permanecer com Ele na oração. Ele quer que nosso desejo seja provado na oração. Assim Ele nos prepara para receber aquilo que Ele está pronto a nos dar."

Outro erro é a distração, seja por meio de palavras, seja em pensamento. A distração refere-se a tudo aquilo que toma nossa consciência e nos afasta do Senhor. Por isso, é importante a vigilância e a sobriedade de coração.

A falta de fé e as tentações da carne também são obstáculos à oração. A primeira porque nos impede de acreditar no Senhor que disse: "Sem mim nada podeis fazer" (Jo 15,5). A segunda por levar à diminuição da vigilância e à negligência do coração: "O espírito está pronto, mas a carne é fraca" (Mt 26,41).

Devemos rezar sempre, superando todos esses obstáculos por meio da humildade, da confiança e da perseverança.

Usando a analogia de uma caixa d'água, a oração poderia ser comparada ao precioso líquido nela armazenado. Ele é distribuído sempre que necessário e, normalmente, não percebemos se a caixa está cheia ou vazia, a não ser quando falta água. Assim também ocorre em nossa vida espiritual: devemos rezar sempre e em todas as circunstâncias, mantendo nosso reservatório de oração sempre cheio e com reservas para atender nossas necessidades, incluindo os dias difíceis de tentação e aridez espiritual.

> "Como é grande o poder da oração. É como uma rainha que em todo momento tem acesso direto ao rei e pode conseguir tudo o que lhe pede." Santa Teresinha do Menino Jesus.

ORAÇÃO

Jesus, Mestre da oração, que deste exemplos claros de uma vida em profunda comunhão com o Pai.

Mestre da oração, que buscaste no Pai a força necessária para continuar a missão.

Ensina-me a rezar e desperta em mim o desejo da verdadeira e autêntica oração.

Que minhas orações não sejam meras palavras ditas sem fervor, sem testemunho.

Mas sejam palavras vindas do coração, fruto de um amor sincero.

Por isso, peço-Te: ensina-me a louvar o Pai pelo dom da vida, pela beleza da Criação.

Ensina-me a glorificar o Santo nome de Deus.

Ensina-me a bendizer as maravilhas que recebo.

Mesmo que, às vezes, eu esqueça de agradecer,

Sei que tudo de bom e todo o bem é fruto do Teu amor.
Quero pedir, Senhor, força, discernimento,
Que Teu Santo Espírito reze em mim.
Amém.

4º Passo

Ser um eterno aprendiz

Muitas pessoas já sabem, mas vale a pena repetir: nossa missão não termina quando o padre diz "Vão em paz e o Senhor vos acompanhe" e saímos pela porta da Igreja. Pelo contrário, é aí que ela começa.

Se não podemos negar que o mundo vai mal, também é preciso assumir nossa responsabilidade e levar a experiência profunda vivida na comunidade, irradiando e deixando transbordar a fé que nos une, na família, no ambiente de trabalho e na sociedade. E não tenha dúvida de que se cada um de nós, de alguma forma, procurar repetir o pensar e o querer de Jesus, como eternos aprendizes de Sua infinita sabedoria, o mundo ficará muito melhor.

Em Sua vida terrena, Jesus cercou-se de discípulos, não para ser servido por eles, mas para ensinar-lhes e prepará-los para continuar Sua missão. Portanto, a adesão a Jesus é o começo de um discipulado.

Infelizmente, há muitos que, no meio da estrada, tomaram outros rumos. Começaram sua caminhada na infância, pelo batismo, mas acabaram deixando sua fé ser atropelada pelas atribulações da vida ou, então, mantiveram-na apenas como enfeite, esquecida num altar no canto do quarto.

Ora, a fé não pode ser passatempo, tampouco teoria. Temos de seguir Jesus não apenas por Suas ideias, mas por Seu exemplo de vida. Ele não escolheu dia nem hora para fazer o bem. Simplesmente fez, acolhendo-nos em nossas fragilidades. E o Seu único pedido é que abramos caminho para Ele agir, transformando nossa vida e posicionando-nos no mundo.

Ser cristão significa acompanhar permanentemente o Senhor. O cristianismo é um projeto de vida.

Seja o sal da terra e a luz do mundo

Muitas vezes colocamos tanto "açúcar" em Jesus que Ele vira um "melado". Sim, Cristo foi manso como um cordeiro, alguém que sabia acolher, mas também tinha personalidade firme. Quando necessário, repreendeu os apóstolos e passou um "sabão" nos fariseus, nos saduceus e em todos os cristãos batizados: "Ai de vós, hipócritas, que por fora pareceis justos diante dos outros, mas, por dentro, estais cheios de hipocrisia e injustiça" (Mt 23,27-28). E ainda: "Hipócritas! Isaías profetizou muito bem sobre vocês quando disse: 'Esse povo me honra com os lábios, mas o coração deles está longe de mim'" (Mt 15,7s).

Jesus tinha valores que jamais permitiu que fossem negociados. Tinha tanta convicção de seus princípios e da salvação que enfrentou familiares, reis e o imperador na pessoa de Pilatos.

Não podemos deixar que Sua doçura encubra os traços de um homem que lutou muito, batalhou e acreditou num mundo melhor, caso contrário teremos uma fé alienada, para a qual as coisas de Deus não se misturam às coisas do mundo, e isso não é verdade. As coisas de Deus e as do mundo se entrelaçam e andam juntas. Por isso, o Documento de Aparecida retoma o que pede o Evangelho: que os cristãos sejam o sal da terra e a luz do mundo, numa atitude de espalhar os valores de Deus.

Não se feche, apenas ame

É triste, mas, hoje em dia, com as facilidades da vida moderna, estamos cada vez mais isolados. Cada um no seu quarto, com sua TV particular ou seu computador com internet banda larga. Nada contra a tecnologia, mas ela existe a fim de abrir as portas ao mundo e não para fechá-las. No entanto, vemos as pessoas criando um individualismo até no relacionamento com Deus: "*Meu* Senhor, ajuda a resolver o *meu* problema." E quando volta a ficar tudo bem, nada mais importa.

> Não existe um "meu Deus", exclusivo, não existe um Deus que olha só para uma pessoa. Não existe um Deus que favorece a um e despreza outros. Existe um Pai Nosso, existe um pão nosso.

É perigoso quando estamos voltados somente para o nosso umbigo. Mais perigosa ainda é essa separação que já mencionei entre o mundo de Deus e o mundo dos homens. Como se pudéssemos ser desonestos no trabalho ou manter um relacionamento que não deveríamos, mas, na hora de rezar, simplesmente apertamos um botão e desligamos tudo. Depois, saímos da igreja e voltamos para o mundo. Não existe isso! Não existem dois mundos tão separados. Deus está em tudo e tudo está em Deus.

Jesus disse que seremos conhecidos como seus discípulos pelo amor (Jo 13,34-35), mas será que quem olha de fora nos vê dessa forma? Toda a miséria que assola o mundo, sem falar nas guerras constantes, indica que estamos sendo missionários do amor?

Creio que não.

Na verdade, estamos todos praticamente reprovados em matéria de amor, porque temos muita dificuldade de amar. Eu, como padre, e você, como mãe, pai e, principalmente, cristão, temos de ser missionários do amor. Nossas orações são hipócritas se não somos capazes de amar.

De acordo com São Pedro, em sua primeira carta, o que nos resgatou não foi ouro nem prata; o preço da nossa redenção foi o sangue do Cordeiro (1Pd 1,13-20). Ele constatou que tudo aquilo que Jesus pregou e o seu próprio apostolado estavam sendo banalizados. Mas foi no final da vida que nos deu sua mensagem mais importante: "Como filhos obedientes, não deveis viver como antes, quando ainda eram ignorantes e se deixavam levar pelas paixões" (1Pd 1,14).

Afinal, o que é o nosso "antes"?

O "antes" significa o passado, um comportamento equivocado, uma atitude imprópria, um pensamento inútil. Nós vamos misturando tudo, mas o "antes" é tudo aquilo que deixamos para trás quando somos renovados no sangue de Jesus e nos abrimos para o amor ao próximo. Mas é duro ver que nós continuamos ignorantes em matéria de amor.

A preocupação de Pedro é atual: fomos resgatados na Cruz de Cristo pelo Seu precioso sangue. No texto, Pedro dirige-se aos seus e a todos nós dizendo que levamos a fé na brincadeira, de qualquer jeito, querendo servir a Deus, mas com costumes errados.

Ainda citando Pedro: "Vocês nasceram de novo, não como semente mortal, mas imortal por meio da Palavra de Deus que é viva e permanente. De fato, toda a carne é como erva, é como flor que seca, mas a Palavra do Senhor deve permanecer no meio de vocês, portanto, rejeitem qualquer maldade. Rejeitem toda a mentira, afastem-se de toda a hipocrisia, inveja e maledicência. Como crianças recém-nascidas desejam o leite, desejem o leite puro da Palavra, a fim de que vocês, com este leite, cresçam na salvação, pois já provaram o que é bom no Senhor" (1Pd 1,23-2,3).

Toda obra tem de ser realizada por Jesus, porque o sangue d'Ele foi o preço da minha e da sua salvação. Rejeitemos, pois, a maldade, a mentira, a inveja e a maledicência.

A mensagem é clara: não permitamos que a nossa fé seja estéril. Não continuemos como cristãos católicos só porque fomos batizados, mas, sobretudo, porque somos capazes de amar. Fomos purificados para praticar o amor fraterno sem hipocrisia. Fomos justificados no sangue de Jesus com amor sincero para que nos amemos uns aos outros, e somente assim estaremos realmente agindo como aprendizes e discípulos de Jesus.

Lembre-se de que ser aprendiz não é ser servo. Quem se relaciona com Deus numa atitude de escravidão nunca conseguirá compreender a profundidade do Pai-Nosso, porque Deus não pode ser Pai de escravos. Deus só pode ser Pai de filhos.

ORAÇÃO

Jesus, Mestre e Senhor, que ensinaste aos apóstolos e a nós que no discipulado devemos buscar a santidade.

Senhor, quero Te pedir a graça de ser santo seguindo as Tuas pegadas.

Quero ser um bem-aventurado e, para isso, Te peço:

Dá-me, Senhor, um coração humilde e despojado.

Afasta de mim o pecado da vaidade e do egoísmo.

Quero ser santo, dá-me, Senhor, um coração e uma vida voltados para as coisas do bem.

Na tribulação, faze-me sereno.

Quero ser santo.

Dá-me, Senhor, a mansidão tão necessária nos momentos de infortúnio.

Quero ser santo.

Dá-me, Senhor, o desejo ardente, a sede e a fome de justiça.

Quero ser santo.

Faze-me, Senhor, misericordioso para que também eu alcance a misericórdia.

Quero ser santo.

Afasta de mim, Senhor, o ressentimento e a mágoa.

Dá-me um coração puro, para que na pureza de coração eu busque as coisas de Deus.

Quero ser santo.

Dá-me, Senhor, a graça de não temer a perseguição e os insultos por causa do Teu nome.

Quero ser santo, cumprindo a minha missão nesta vida.

Quero ser santo, testemunhando como verdadeiro discípulo a Tua Boa-Nova, por onde eu for.

Quero ser santo, Senhor, porque o Pai é Santo.

Amém.

5º Passo

Cultivar um coração amoroso

Para termos um coração amoroso é preciso adequá-lo ao coração de Jesus. Isso implica observar se a nossa fala, os nossos pensamentos e as nossas atitudes estão de acordo com os d'Ele.

Não é preciso ser padre para saber que... não.

No coração de Jesus não cabe amargura. No coração de Jesus não cabe ódio. No coração de Jesus não cabem mágoas, intrigas, discórdias e desavenças.

Preciso dizer algo mais?

Por outro lado, se estamos longe de ter um coração como o de Jesus, não significa que devamos desistir. Ao contrário, isso é motivo mais que suficiente para olhar para dentro de nós mesmos e mudar os sentimentos que nos movem.

Cultivar um coração amoroso é dizer para si mesmo: "Esse pensamento Jesus não teria, então, eu também não terei. Esse sentimento Jesus não teria, por isso eu também não terei."

Para cultivar um coração amoroso, temos de fazer a experiência que o chamado Discípulo Amado fez: reclinar a cabeça no peito do Senhor e ouvir o pulsar do Seu Sagrado Coração (Jo 13,2).

O evangelista João refere-se sempre ao Discípulo Amado sem nunca citar seu nome. Acredita-se que seja ele mesmo, mas, na verdade, também pode ser eu e você. Quem me acompanha sabe que, com muita frequência em minhas pregações, insisto nesta dedução: nos textos bíblicos, quando há alguém interagindo com Jesus e cujo nome não é revelado, é para que eu e você nos coloquemos no lugar dessa pessoa.

Então, coloquemo-nos no lugar do Discípulo Amado, reclinemos nossa cabeça sobre o peito do Senhor e deixemos que nosso coração pulse na mesma frequência do Seu Sagrado Coração. Um coração capaz de perdoar e amar sem medidas, compassivo, humilde, justo, manso, acolhedor, orante e misericordioso, que chorou por Seu rebanho e pela morte de Lázaro. Mas, também, um coração corajoso, que defendeu os fracos, denunciou os erros, combateu os poderosos, chamou os pecadores à conversão.

Ouça seu coração

Vale a pena saber que o termo "coração" é encontrado em quase toda a Bíblia Sagrada, desde o Antigo Testamento, mas, principalmente, no Novo Testamento. Muito mais do que um órgão vital do ser humano, traz em si a referência à mais profunda e verdadeira essência do ser humano. Não é à toa que, quando queremos tocar uma pessoa verdadeiramente, temos de conseguir chegar ao seu "coração".

Estando nessa posição tão estratégica, o coração também é uma região de alto risco. Não me refiro aos problemas cardiovasculares, mas àquilo que os médicos não podem enxergar com seus equipamentos sofisticados e que faz igualmente muito mal. No coração de uma pessoa, os sentimentos e intenções mais puros coabitam com outros dos quais não há a menor razão para se orgulhar.

Nosso Senhor Jesus Cristo estava tão ciente disso que afirmou: "É do interior do coração dos homens que procedem as más intenções, imoralidades, roubos, assassínios, adultérios, cobiças, perversidades, fraudes, desonestidade, inveja, difamação, orgulho e insensatez. Todos estes vícios procedem de dentro e tornam impuro o homem" (Mc 7,21-23).

Não é preciso muito esforço para perceber como a palavra "coração" estava frequentemente nos lábios do Mestre de Nazaré. Não raro usava-a como um termo simbólico para expressar Sua doutrina. Quando Lhe indagaram sobre o maior de todos os mandamentos, assim resumiu: "Amarás ao Senhor teu Deus de todo o teu coração, de toda a tua alma, de todo o teu espírito e de todas as tuas forças" (Mc 12,30).

Para proclamar o Novo Decálogo, o Sermão da Montanha, entre tantas bem-aventuradas virtudes a serem vividas pelos cristãos, Jesus citou: "Bem-aventurados os puros de coração, porque verão Deus!" (Mt 5,8).

E Jesus também falava sobre Seu próprio coração ao afirmar: "Vinde a mim todos vós que estais cansados e oprimidos, e Eu vos aliviarei. Tomai sobre vós o Meu jugo e aprendei de mim, porque sou manso e humilde de coração; e encontrareis descanso para o vosso espírito. Pois o Meu jugo é suave e o Meu fardo é leve" (Mt 11,28-30).

Por si sós, esses textos fundamentam e instigam todos os cristãos a buscarem ser como o Mestre em seus sentimentos, intenções e pensamentos mais íntimos: mansos e humildes de coração. Esse desafio foi lançado pelo próprio Jesus Cristo, constituindo-se numa meta a ser perseguida por todos os que querem ser verdadeiros discípulos missionários.

Proteja-se da maldade e das impurezas do mundo

Antes de qualquer coisa, convém que façamos uma sincera e verdadeira busca interior quanto àquilo que permitimos crescer e fortalecer-se dentro de nós.

É bem verdade que nem sempre somos nós que plantamos a semente da maldade em nosso interior. Contudo, também é verdade que somos nós os responsáveis por deixar que ela permaneça, germine e tome conta de tudo. Nosso coração — entendido no sentido mais amplo — é canteiro fecundo da Palavra de Deus, mas também é uma terra fértil para sementes negativas que propagam egoísmo, inveja, injustiça, vícios, e assim por diante.

Infelizmente, o Inimigo também é esforçado e incansável como semeador.

Por isso, na vida interior — e aqui me refiro aos pensamentos, afetos, instintos, sentimentos — temos de ser radicais em relação àquilo que permitimos se desenvolver em nós, pois um coração dividido torna-se volúvel no amor.

Deus quer nosso coração todo, por completo. Nossa meta é, portanto, amá-Lo como Jesus O amou. Querê-Lo e desejá-Lo como Jesus, com o coração indiviso.

Inevitavelmente nos deparamos com o texto da morte de Jesus na cruz e, recentemente, descobri um exemplo de conversão ao coração de Jesus que vale a pena comentar.

Conta uma piedosa tradição cristã que São Longuinho (ou Longino) foi o centurião que, tendo vivido no século I, não apenas foi contemporâneo de Jesus Cristo, como teria sido o soldado que transpassou o peito de Jesus com uma lança durante a crucificação. Sim! Aquele São Longuinho que muitos pensam não ter existido, mas que, sem dúvida, invocam quando querem encontrar objetos perdidos.

Vale a pena saber mais sobre ele. O nome Longuinho, em grego, significa "uma lança". A mesma tradição conta que o soldado, ao perfurar o peito de Jesus para obter a certeza de Sua morte, foi surpreendido por um respingar de sangue e água que jorrou do coração de Jesus, curando-o de um grave problema nos olhos.

Diante dos fatos presenciados e de tal cura, Longuinho converteu-se, abandonou o exército romano e começou a pregar o Evangelho em Cesareia e Capadócia, atual Turquia. Posteriormente, acabou sendo preso e torturado por sua fé. Teve os dentes arrancados e a língua cortada antes de morrer, porque não parava de pregar aos seus algozes que Jesus Cristo era o Senhor.

Surpreendeu-me mais ainda o fato de — enquanto visitava a Basílica de São Pedro, após ter-me emocionado e rezado — deparar-me com uma estátua monumental de mais de cinco metros de altura, esculpida pelo artista barroco Gian Lorenzo Bernini, em cuja base estava escrito "São Longuinho". No meu modo simples de acreditar, bastou-me para crer. Não é por acaso que a imagem de São Longuinho foi esculpida na Basílica de São Pedro: vejo nele o primeiro propagador da devoção ao Santíssimo Coração de Jesus.

Seja manso e humilde

A principal virtude de um coração amoroso é, sem dúvida, a humildade.

Isso porque ela nos leva a ter consciência de nossas fraquezas e, consequentemente, a agir com caridade, ao contrário do soberbo, que não hesita em apontar as falhas e os pecados dos outros, pois não olha para seus próprios erros. A humildade coloca-nos prontos para servir, numa atitude de alegria, e não em busca de honras. Ao mesmo tempo, não deixa que sejamos afetados pelas desonras nem pela calúnia. Segundo Santa Teresa de Ávila, ser humilde é andar com a Verdade. Deus é a Verdade, então humildade é andar na presença de Deus.

Porém, chamo a atenção para o perigo da falsa humildade, que ocorre quando não reconhecemos os dons que Deus nos deu, acreditando tratar-se de mérito próprio. A verdadeira humildade nos faz gratos a Deus pelos dons que temos, levando-nos a reconhecer que tudo o que vem do mal é fruto de nossas próprias escolhas.

Felizmente, como toda virtude moral, a humildade pode ser buscada, trabalhada, aperfeiçoada.

O primeiro exercício para cultivar a humildade é olhar para nossos valores e atribuí-los à graça de Deus.

O segundo é colocar-se diante de Deus, numa atitude de filho, de criança confiante.

O terceiro é despertar em si a mansidão, porque a humildade vem com a mansidão, e a mansidão estimula a humildade. Essas virtudes estão sempre acompanhadas uma da outra.

> **A palavra humildade vem de "húmus": coisa da terra, obra criada. Então, ser humilde não é depreciar-se, ao contrário, é valorizar a obra de Deus em nós. O oposto da humildade é a soberba, que é um pecado capital.**

Se trabalharmos a mansidão, a humildade aparecerá. A mansidão age por meio da sensibilidade e exterioriza-se nas palavras, nos gestos e na maneira de ser.

O exercício da mansidão nos cala na hora da ira, mantém nossa alma serena e com brandura, mas em nada significa ser conivente, fechando os olhos para o que está errado.

Não se conformar com o pecado e querer sua correção são atos virtuosos. Mas isso não quer dizer agir com vingança diante de quem pecou, pois, assim, cometeremos um pecado ainda maior.

A mansidão e humildade nos levam a Deus.

Esforcemo-nos, pois, por juntar-nos a São Longuinho e aprender e viver a mansidão e a humildade do coração de Jesus Cristo.

ORAÇÃO

Senhor Jesus, em cujo lado aberto tens estampado um coração transpassado de amor.

O Teu coração permanece aberto para que Teu amor seja derramado para toda a humanidade.

E o fruto desse amor infinito é o perdão, é a misericórdia.

É no Teu Sagrado Coração que eu coloco a minha vida e busco refúgio e consolo para minha alma.

Senhor Jesus, manso e humilde de coração,

Toca em meu coração mesquinho, endurecido, e ajuda-me a cultivar um coração bondoso,

Um coração grande, capaz de acolher mais, escutar mais, amar mais.

Jesus, manso e humilde de coração,

Faze que meu coração seja semelhante ao Teu!

Amém.

6º Passo

Conhecer a Bíblia

A Palavra de Deus é fundamental não apenas para nossa espiritualidade, mas também tem aplicações muito úteis em nosso dia a dia. O objetivo deste capítulo é mostrar quais são elas, sem palavras difíceis nem recursos complicados, para que todos possam fazer da Bíblia sua companheira de todas as horas, pois, como afirmou São Jerônimo, "desconhecer as Sagradas Escrituras é desconhecer Cristo".

Antes de mais nada, respondendo àqueles que contestam a legitimidade da Bíblia, é preciso deixar claro que ela teve diferentes autores, sim, ou seja, não se trata de um livro que um anjo lançou do céu, já pronto. Contudo, esses autores contaram com a intervenção do Espírito Santo, que inspirou sua redação, dando-lhes a capacidade de registrar aquilo que era a vontade de Deus. Portanto, são textos escritos por mãos humanas que trazem a verdade de Deus.

> A Palavra de Deus não é uma letra morta. É viva. Por isso, a cada tempo traz um novo significado, embora o conteúdo seja o mesmo.

Esclarecido isso, é importante compreender como se chegar à Palavra de Deus, partindo do princípio de que aquilo que vamos ler não é romance, novela ou notícia de jornal. É Deus falando aos homens, na linguagem dos homens.

Como ler a Bíblia

A Bíblia é dividida em duas partes: Antigo Testamento e Novo Testamento. É formada por 73 livros, dos quais 46 pertencem ao Antigo e 27 ao Novo.

Para manusear a Bíblia, devemos saber o que são capítulos e versículos, estrutura que nos auxilia na localização das leituras. Os primeiros são as divisões que encontramos num mesmo livro da Bíblia, identificados por um algarismo grande. Os versículos são as divisões dentro dos capítulos e correspondem aos algarismos pequenos dispostos no corpo dos textos bíblicos.

A Bíblia também possui uma forma abreviada para o nome de cada livro e uma pontuação que permite manuseá-la com mais facilidade.

A vírgula, por exemplo, serve para separar o capítulo do versículo: Jo 3,16 (Evangelho de João, capítulo 3, versículo 16). O hífen indica a abrangência de um versículo até o outro: 2Rs 5,9-19 (Segundo Livro dos Reis, capítulo 5, versículos de 9 até 19). O ponto serve para mostrar que os versículos são alternados: Rm 5,12.17.19 (Carta aos Romanos, capítulo 5, versículo 12, versículo 17 e versículo 19). A letra "s" significa seguinte, indicando que o texto continua no versículo seguinte: 1Pd 2,2-5.9s (Primeira

Carta de São Pedro, capítulo 2, versículos de 2 até 5, versículo 9 e 10). Por último, a presença de dois "s" mostra que a continuação do texto prossegue nos dois versículos seguintes: Jr 31,31ss (Livro do Profeta Jeremias, capítulo 31, versículos 31, 32 e 33).

Vale lembrar que a leitura da Bíblia tem de ser meditada e entendida, por isso escolha um momento propício, iniciando com uma oração:

Meu Senhor e meu Pai!

Envia Teu Santo Espírito para que eu compreenda e acolha Tua Santa Palavra!

Que eu Te conheça e Te faça ser conhecido, ame-Te e Te faça ser amado, sirva-Te e Te faça ser servido, louve-Te e Te faça ser louvado por todas as criaturas.

Faze, ó Pai, que, pela leitura da Palavra,

Os pecadores se convertam, os justos perseverem na graça e todos consigamos a vida eterna.

Amém.

Sugiro que você comece a leitura pelo Novo Testamento e faça uma espécie de diário de sua vida espiritual, anotando o dia, assim como o texto lido, e respondendo a três perguntas:

1) O que Deus denuncia na minha vida por meio deste texto?

2) O que Deus está pedindo, qual a proposta para mim, hoje, neste texto?

3) Que mudança de comportamento Ele sugere para mim?

Em seguida, escreva uma pequena oração ou frase do texto que mais chamou sua atenção.

Uma dica importante é checar também as notas de rodapé, pois muitas vezes elas contêm a explicação complementar para aquilo que lemos e não entendemos.

Lectio Divina ou Leitura Orante da Palavra

A *Lectio Divina* é uma forma simples de encontrar o Senhor, por meio da reflexão e da oração baseadas nas Escrituras, e consiste nos seguintes passos clássicos:

1 - *Lectio* (Leitura)

É o primeiro passo para conhecer e amar a Palavra de Deus. Você deve analisar o texto, as personagens (tanto quem fala quanto aqueles que reagem), interpretar símbolos, tentar apreender as principais características da situação econômica, social, política e religiosa daquela época e, sobretudo, compreender o que Deus tinha a dizer sobre tudo isso. Sublinhe ou anote em um caderno as palavras ou frases que lhe chamarem a atenção. Nesta etapa, você deve procurar responder à pergunta: "O que diz o texto?"

2 - *Meditatio* (Meditação)

É o segundo passo da *Lectio Divina*. A meditação deve atualizar o texto e trazê-lo para dentro da nossa vida e realidade. Para isso, use a imaginação, coloque-se na cena e faça parte da história. Volte continuamente a Jesus, observe Sua forma de agir, Suas palavras. Procure perceber quais são as Suas razões e intenções.

Dê tempo ao silêncio, procurando discernir e confrontar as palavras recolhidas e deixar que se liguem entre si. Feito isso, a Palavra faz o resto. Nesta fase, procure responder: "O que *me* diz o Senhor neste texto?"

É o momento de observar os efeitos concretos dessa Palavra sobre sua vida. A meditação não é estática: ela não só medita a mensagem, mas também a realiza; não só ouve, mas coloca em prática. Então, pergunte-se: "Quais mudanças me comprometo a fazer em minha vida?"

3 - *Oratio* (Oração)

Inicie este terceiro passo com uma conversa entre você e Deus. Ou seja, todo o sentido que você absorveu e assimilou na sua vida por meio da leitura e da meditação deve ser transformado em oração. Mesmo que tenha sido apenas uma pequena coisa, já há condições de tentar definir quais palavras, cantos, gestos ou silêncio foram "provocados" pela Palavra lida e sobre a qual se meditou. Em seguida, reze. A pergunta-chave aqui é: "O que eu quero dizer ao Senhor diante do que Ele me fala neste texto?"

4 - *Contemplatio* (Contemplação)

No quarto e último estágio, não são necessárias palavras. Esse é um momento de quietude e silêncio da alma, apenas desfrute da comunhão íntima com Deus, procurando enxergar, saborear Sua presença e Seu amor.

A contemplação é a expressão simples do mistério da oração. É um olhar de fé fixo em Jesus, uma escuta da Palavra de Deus, um amor silencioso. Realiza a união com a oração de Cristo, na medida em que nos faz participar no seu mistério (CIC 2724).

"A contemplação prepara, fecunda e alimenta a ação, que nada mais é que o transbordar de uma plenitude interior" (Santa Catarina de Sena).

Exemplo de leitura, meditação, oração e contemplação: Evangelho do cego Bartimeu (Mc 10,46-52)

"Chegaram a Jericó. Ao sair dali Jesus, seus discípulos e numerosa multidão, estava sentado à beira do caminho, mendigando, Bartimeu, que era cego e filho de Timeu. Sabendo que era Jesus de Nazaré, começou a gritar: "Jesus, filho de Davi, tem compaixão de mim!" Muitos o repreendiam, para que se calasse, mas ele gritava ainda mais alto: "Filho de Davi, tem compaixão de mim!" Jesus parou e disse: "Chamai-o." Chamaram o cego, dizendo-lhe: "Coragem! Levanta-te, ele te chama." Lançando fora a capa, o cego ergueu-se dum salto e foi ter com Ele. Jesus, tomando a palavra, perguntou-lhe: "Que queres que te faça?" "Rabôni", respondeu-Lhe o cego, "que eu veja!" Jesus disse-lhe: "Vai, a tua fé te salvou." No mesmo instante, ele recuperou a vista e foi seguindo Jesus pelo caminho."

O que diz o texto? (Leitura)

Jesus passa por Jericó, perto de onde um cego chamado Bartimeu vive a mendigar. Estava fora da cidade, excluído do núcleo social e sentado à beira do caminho.

Ele descobre que Jesus está próximo e quer chamar sua atenção, por isso grita. É repreendido; a multidão está determinada a ouvir Jesus e manda-o calar. No entanto, Bartimeu não desanima, pois quer ser curado, e clama mais alto ainda: "Filho de Davi, tem compaixão de mim!" Bartimeu pede a Jesus, em primeiro lugar, compaixão, usando um título reservado ao Messias. Jesus passa a dar atenção ao clamor de Bartimeu e manda chamá-lo. Eles o incentivam a ter coragem. Bartimeu salta e joga fora a capa. Jesus dialoga com ele, pergunta-lhe o que quer. O cego dirige-se ao Senhor chamando-o de Rabôni (Mestre). Essa expressão do cego traduz estima, afeto. Jesus diz-lhe que a sua fé o curou e, imediatamente, ele passa a ver e seguir Jesus.

O que o Senhor me diz? (Meditação)

Jesus continua a passar, hoje, pelos caminhos da minha vida, a me oferecer a salvação, e eu, muitas vezes, fecho-me, cego aos seus apelos.

Na minha caminhada de fé, preciso discernir quais pessoas são obstáculo para uma vida nova em Cristo e quais me encorajam a ir ao Seu encontro. Por outro lado, não posso ficar indiferente aos que aparecem no meio do caminho mendigando ajuda; também tenho de encorajá-los a se aproximarem de Jesus. Ele me pede para chamar outros, a fim de que se encontrem com Ele e O sigam.

Jesus é o único que pode curar minhas cegueiras, não posso desistir de chegar a Ele. Preciso pedir com mais insistência que tenha compaixão de mim. Preciso reconhecê-Lo no caminho, dar o salto em resposta ao Seu chamamento. Preciso aprender a renunciar às "capas" do egoísmo, do comodismo, da autossuficiência, do sofrimento, das incertezas e de todos os comportamentos incompatíveis com a adesão a Cristo. Pela minha fé, e a partir da minha aproximação e encontro com Jesus, brotará a cura para "cegueiras espirituais" e o desafio para viver como discípulo.

Comprometo-me a dar passos firmes para seguir Jesus no meu dia a dia, como discípulo missionário, com coerência, confiança, perseverança e alegria. Vou libertar-me das "capas" e afastar-me das situações que me paralisam ou impedem de seguir Jesus nos espaços concretos da minha vida.

A mensagem desta Palavra não desaparecerá, ela me levará a assumir um compromisso com a minha realidade.

O que eu posso dizer ao Senhor? (Oração)

Numa profunda e verdadeira vontade de mudança de vida, apresento minhas cegueiras e dificuldades de fé que me levam a repetir, com muita humildade, o que disse Bartimeu ao Senhor: "Mestre, que eu veja!"

Senhor Jesus, que sempre passas pela minha vida, liberta-me daquilo que me torna cego à Tua presença, ao Teu amor, à Tua vontade!

Concede-me Senhor, como concedeste a Bartimeu, a cura da cegueira da minha alma.

Abre-me os olhos da fé, e concede-me a luz do Teu Espírito para que eu veja e possa discernir o que me aproxima de Ti.

Reveste-me da Tua força para renunciar ao que de Ti me afasta!

Dá-me Senhor, coragem de, a Teu chamado, saltar, deixar a "capa" que me prende e caminhar sem medo ao Teu encontro.

Obrigado, Senhor, por acolher meu clamor e voltar Teu olhar para mim.

Obrigado, Senhor, por me chamar pelo nome e me perguntar: "Que queres que te faça?"

Obrigado, Senhor, por me ensinar a não desistir.

Obrigado, Senhor, pelo Teu amor.

Amém!

Como me ponho diante do Senhor? (Contemplação)

Senhor, meus olhos se abrem e meu olhar repousa sobre vós como quem O vê pela primeira vez. Não mais de forma distorcida pelas experiências e ensinamentos vividos por outros, mas agora Senhor, O vejo verdadeiramente como sois: um Deus que me ama, cura e liberta.

À medida que lemos a Bíblia e meditamos, oramos, contemplamos e nos comprometemos em adotar seus ensinamentos em nossa vida, o fermento "leveda a massa" em nós e isso vai nos transformando. Conforme explica a Segunda Carta a Timóteo, "toda a Escritura é inspirada por Deus, e útil para ensinar, para repreender, para corrigir e para formar na justiça. Por ela, o homem de Deus se torna perfeito, capacitado para toda boa obra" (2Tm 3,16).

Daí a importância de difundirmos esse hábito em família, para que todos cresçam na vivência dos valores humanos e cristãos.

A Palavra vem de Deus, desce ao coração e produz mudança. Portanto, a Palavra de Deus é um movimento ativo, transformador, renovador e santificador.

ORAÇÃO

Senhor, Tua Palavra é lançada e semeada no mundo, mas nem sempre encontra terra boa,

Nem sempre encontra uma alma fervorosa voltada para Teus apelos.

Senhor, neste momento,

Quero Te pedir que prepares o meu coração para ouvir os Teus apelos de vida plena e felicidade.

Não permitas que o meu coração acolha a Tua Palavra e a deixe à beira do caminho,

Onde o maligno pode roubar as sementes da eternidade.

Senhor, não permitas que meu coração seja um terreno pedregoso, indiferente e insensível,

Onde a Tua Palavra não consiga criar raízes ou não ecoe profundamente.

Senhor, que Teus apelos em mim não sucumbam diante das tribulações e perseguições.

Senhor, eu não quero desistir!

Não permitas que os espinhos cresçam em meu interior a ponto de deixar as preocupações do mundo e as ilusões do poder e da riqueza sufocarem Tua Palavra em mim.

Senhor Jesus semeador,

Que a Tua Palavra e Teus ensinamentos encontrem em meu coração a terra boa, regada na fé, afofada no espírito

E pronta para produzir frutos de justiça, de conversão e de fidelidade.

Senhor, que o meu coração seja uma terra boa

Onde, como um agricultor, eu possa lançar sementes de felicidade.

Amém.

7º Passo

Formar corretamente a consciência

Com muita frequência, ouvimos alguém dizer que não faz isso ou aquilo porque deseja ter a "consciência tranquila".

Mas o que é consciência?

Consciência significa estar ciente daquilo que se passa em nós e à nossa volta. É uma espécie de "voz secreta" da alma que aprova ou desaprova nossas ações, sendo, portanto, um "juiz rigoroso".

Mas se todos temos consciência, por que insistimos em errar?

O problema é que a consciência habita nosso mundo interior e nos distanciamos dela quando damos mais valor ao mundo físico, ao poder e aos valores materiais. Com o tempo, é como se adquiríssemos "licença" para errar e a consciência acaba sendo danificada.

Alguns podem questionar: "Mas não foi para sermos livres que Cristo nos libertou? Por que temos de ser prisioneiros de nossa própria consciência?"

Certamente, Cristo nos libertou para termos liberdade, porém, uma liberdade baseada na Sua ressurreição. Ou seja, somos livres para a prática do bem, o que nos leva a preservar a boa consciência.

> São Pedro nos diz: "Pois o batismo não serve para limpar o corpo da imundície, mas é um pedido a Deus para obter uma boa consciência, em virtude da ressurreição de Jesus Cristo" (1Pd 3,21).

Consciência moral

A consciência moral que temos é o julgamento da razão. É o julgamento que fazemos sobre um ato nosso ou o nosso planejamento em executá-lo. Nessa hora, a consciência nos dirá se é justo e correto ou injusto e mau. Esse dispositivo presente em nossa alma é a essência divina em nós, é uma lei do nosso espírito que ultrapassa a nós mesmos. A consciência é como o sacrário, no qual Deus nos fala.

Os pais são os primeiros responsáveis pela educação dos filhos e a formação de sua consciência moral, jamais podendo eximir-se dessa missão. A tarefa deve ser desempenhada sequencialmente pelo casal, por meio de testemunhos, bons exemplos e a construção de um lar de ternura, perdão, respeito e fidelidade, capaz de educar os filhos de forma virtuosa. Para isso, pai e mãe necessitam ter domínios próprios. Caso contrário, crianças e adolescentes crescem com a consciência desvirtuada, pois aprenderam assim com seus primeiros professores. Portanto, cabe aos pais corrigi-los e orientá-los segundo a Lei Divina (Ef 6,4).

É preciso edificar e levar os jovens ao amadurecimento e ao uso correto da liberdade e da razão.

Livre-arbítrio

Deus nos deu o "livre-arbítrio", a liberdade de escolher entre uma coisa e outra, agir ou não agir, fazer ou não fazer determinadas coisas. E essa liberdade alcança a sua perfeição quando está em profunda sintonia com Deus.

Deus é bondoso e misericordioso, por isso respeita o nosso livre-arbítrio. Apesar de toda a Sua onipotência, jamais nos tirará essa liberdade. Nem Jesus, no Seu ato redentor, nos privou dela.

Contudo, como já foi explicado, a liberdade do cristão não é o direito de fazer tudo o que se quer. Não temos tal liberdade, pois a liberdade está no bem.

O fato de uma pessoa dizer que fez algo coagido, porque as circunstâncias o levaram agir de forma errada, não justifica e não o livra da responsabilidade e das consequências de seu erro: "Deus criou o homem e entregou-o às suas próprias decisões" (Eclo 15,14).

O mau uso do livre-arbítrio, liberdade com a qual somos presenteados por Deus, tem graves implicações para nós, para os outros e para a nossa salvação, levando-nos a responder por isso. Portanto, temos de prestar atenção às nossas escolhas.

> A voz de Deus, que nos fala por meio da consciência, pode até ser ignorada, mas não pode ser calada.

Decisões acertadas

Na vida não conseguimos ficar sem pender para um determinado lado. Em nosso dia a dia temos de tomar decisões e não estamos protegidos por uma redoma. Devemos usar nosso livre-arbítrio e fazer jus à nossa liberdade.

Mas como fazê-lo sem errar? Como definir escolhas certas?

O caminho para a tomada de decisões assertivas começa por "endireitar" a consciência, "domar" a vontade pela razão.

O ser humano pode ou não seguir Deus. A decisão é nossa! Enquanto não estivermos em plena sintonia com Deus e absorvidos por Ele, ficaremos sujeitos a erros de escolha entre o bem e o mal. Poderemos crescer na perfeição para Deus ou definhar no pecado.

Não é por acaso que o primeiro salmo fala dos dois caminhos, o da perfeição ascendente rumo a Deus e o do ímpio que definha no pecado e na mentira.

Opção pelo mal

A liberdade que Jesus conquistou na Cruz quebrou o pecado de Adão e nos deu a oportunidade de escolher o bem. Mas, mesmo Cristo tendo vencido a morte e derrubado o mal, não pode interferir no que o Pai criou: o homem e a mulher são livres para tomar suas próprias decisões.

Quando uma pessoa toma o caminho do mal, é comum vê-la piorando em todos os aspectos de sua vida. Se optar pela mentira, outros pecados se agregarão a esse e ela se tornará ruim, maquiavélica e demoníaca. Não porque Deus quis, pois Ele não predestinou nada.

A escolha pessoal em suas várias opções negativas — mentira, adultério, fornicação, perjúrio e injustiça — leva a pessoa a agregar sobre si uma energia prejudicial que a faz perder a luz, a graça, o brilho de Deus, escravizando-a ao mal.

A vitória foi conquistada. Jesus nos abriu a porta e quebrou os grilhões, mas sair do cativeiro não depende só da graça, mas também de nós.

Quanto mais praticamos o bem e nossas opções tendem para esse caminho, mais nos tornaremos livres. A liberdade é fruto das boas escolhas, enquanto as opções pelo mal escravizam.

Virtuosidade

Pessoas virtuosas são aquelas que se esforçam para o conhecimento do bem, buscando no aprimoramento contínuo de suas virtudes e na oração o discernimento de seus atos. Na psicologia, o termo "ter-se nas mãos" é usado para definir esse estado. Na espiritualidade, isso corresponde ao conhecimento de nossa consciência moral.

Qualquer ato tem suas consequências e implica uma responsabilidade de alegria ou de dor. Portanto, se formos infelizes, a culpa não será de Deus, e sim de nossas decisões maltomadas. Podemos passar por fortes provações e ser felizes do fundo do coração, sofrer graves enfermidades e ser serenos. Por outro lado, podemos ter tudo e ser infelizes.

"De que adianta o homem ganhar o mundo inteiro e perder a si próprio?", disse Jesus. Ele sempre esteve em profunda sintonia com o livre-arbítrio do homem, tanto que não impôs o Seu seguimento, mas disse: "Se alguém quiser ser Meu discípulo, tome a sua cruz e siga-Me" (Mc 8,34).

A ignorância pode isentar da culpabilidade um ato, mas não apaga sua maldade intrínseca. Agir por medo, pressão, desequilíbrio psíquico ou social diminui, mas não elimina a responsabilidade.

Se nos é oferecido sanar a ignorância à luz da Palavra e não aceitamos, tornamo-nos mais ignorantes ainda e ampliamos a gravidade de nossos atos.

Redenção ou perdição

A liberdade é uma faca de dois gumes: pode ser nossa redenção ou nossa completa perdição.

Dar senhorio a Jesus e segui-Lo é submeter a nossa liberdade e vontade à d'Ele, porque Ele é o Senhor. Foi assim entre Jesus e o Pai. A vida de Jesus não foi tirada à força! Ele a entregou livremente, em favor dos homens, por amor ao Pai, que nos quer, mas não nos obriga. Essa é uma decisão pessoal, voluntária, sem coação ou medo.

Se nos dizemos cristãos batizados, entregamos nossa liberdade ao discipulado de Cristo. E, porque somos cristãos católicos, não só entregamos nossa liberdade a Jesus, mas, de certa forma, também à Igreja.

A liberdade dada a Cristo e, por sua vez, à Igreja, compreende que Ele é grande e nós, em nossa pequenez e razão limitada, não O compreendemos totalmente, mas O aceitamos.

Paixão e razão

Se os princípios que nos movem não são de Deus, a liberdade, em vez de nos conduzir à perfeição, levará ao abismo. Por isso, a consciência deve ser educada, esclarecida, tornada reta e formada pela razão.

A paixão não é contrária à razão. Porém, a razão deve ter domínio sobre a paixão. Talvez, a paixão nos mova, mas a decisão deve ser da razão. A paixão mal-usada pode levar-nos à perdição.

Precisamos cuidar de nós, porque vivemos no mundo e somos continuamente influenciados negativamente na formação de nossa consciência. Essa é uma tarefa para toda a vida.

A educação, a busca da virtude e da prudência deve levar-nos à cura dos medos. Ainda que nos arrependamos apenas por temer o inferno (atrição), Deus reconhece isso, num primeiro momento, mas nossa busca de perdão deve ser motivada sobretudo por amor ao Pai (contrição). Ou seja, nossa relação com Deus deve ser baseada no amor e não apenas no medo. Deus nos quer como amantes devotados, colocando n'Ele nossa liberdade.

Lembre-se: a cura do medo, do egoísmo e da culpabilidade é uma questão de treinamento, de exercício. "Não há paz para os maus — diz o Senhor!" (Is 48,22;57,21). Mas quem consegue um nível de consciência reta encontra a paz.

Instrumentos

Formar uma consciência reta não é difícil, mas requer esforço. A consciência boa esclarece-se na fé e apoia-se na caridade, enquanto os atos ruins firmam-se na má vontade e no pecado.

> **Quanto mais caminharmos com uma consciência reta para o bem, mais livres seremos.**

Os instrumentos mais eficazes para bem formar a consciência estão na Palavra de Deus, na confrontação com a Cruz de Jesus e na oração que nos amadurece na fé.

Nossa consciência é esclarecida pelos dons do Espírito Santo, pelos bons conselhos dos outros e pela orientação do Magistério da Igreja.

Somos chamados também a interpretar os sinais dados pelas circunstâncias, pois Deus se faz perceber de inúmeras formas em nossa vida e não podemos fechar os olhos para isso.

Estaremos, pois, num processo de conversão interna que se realize no dia a dia, no exame de nossas atitudes, no direcionamento da liberdade, na aceitação do sofrimento, no exercício fraterno com os pobres, na defesa da justiça. Esse é o caminho para uma consciência lúcida, atinada e reta.

ORAÇÃO

Senhor Jesus, Pastor do rebanho, Tu disseste: "Eu sou o caminho, a verdade e a vida" (Jo 14,6).

Sim, Jesus, Tu és a verdade para todos os homens, a verdade que liberta.

Forma, Senhor, a minha consciência reta.
Conduze-me no bom uso do meu livre-arbítrio.
Inspira-me, Senhor, a fazer a opção pelo bem.
Fortalece o meu caráter, Senhor,
Fortalece minha vontade,

E, se por acaso, em algum momento desse dia, eu me sentir tentado a sair do Teu caminho,

Manda Teus anjos me envolverem para que eu jamais me desvie do bom caminho.

Senhor Deus, muitas pessoas passarão por mim, que eu as olhe com amor,

Um amor gratuito de quem age movido por compaixão e bondade.

Não permitas, Senhor, que de meus lábios saiam palavras que machuquem.

Não permitas, Senhor, que meus gestos levem à marginalização.

Não permitas, Senhor, que minhas atitudes sejam rudes.

Se acaso, Senhor, eu for acometido, em algum momento, por raiva, ímpeto, nervosismo,

Fecha minha boca, domina meu mau gênio.

Faze, Senhor, que eu possa transbordar o amor que sinto por Ti.

Amém.

8º Passo

Alimentar-se de Jesus Eucarístico

"Tomai e comei, isto é o Meu corpo. Tomai e bebei, todos vós, isto é o Meu sangue. O sangue da aliança, que é derramado por muitos, para remissão dos pecados" (Mt 26,26-27).

João nos fala dessa realidade no discurso sobre o Pão da Vida, que para nós, cristãos católicos, é a Eucaristia. Segundo ele, diz Jesus: "Se não comerdes a carne do Filho do Homem, e não beberdes o Seu sangue, não tereis a vida em vós" (Jo 6,53).

Eis a advertência mais séria do Senhor Jesus: A vida eterna está condicionada e intimamente relacionada a comer e beber esta presença de Jesus Cristo Eucarístico. Portanto, se rejeitarmos o Pão da Vida, não teremos a vida eterna. Se rejeitarmos a Eucaristia, rejeitaremos Jesus. Mas quem comer deste pão viverá eternamente (Jo 6,51).

Nós morreremos, mas a morte para quem vive mergulhado em Jesus é uma passagem. Não quer dizer que quem come e se apropria da graça santificante da Eucaristia não vá passar pela morte. Significa, antes, que a morte não vencerá, pois a vida será eterna.

> A Eucaristia é o Sacramento da Unidade, o Sacramento da Comunhão, ou seja, é alimento espiritual.

Entenda a Eucaristia

Em nenhum versículo da Sagrada Escritura, a Eucaristia é apresentada como um mero "símbolo" do corpo de Cristo. Na verdade, nela está presente o próprio Cristo: corpo, sangue, alma e divindade. Essa é a verdadeira doutrina sobre a Eucaristia ensinada por Cristo e pelos apóstolos, até porque se a Eucaristia fosse apenas um "símbolo", uma "lembrança", ela não poderia se constituir num alimento para a vida eterna.

> Para nós, católicos, a Eucaristia não apenas representa Jesus, mas conta com Sua presença, que é real e integral. Ressuscitado, Jesus o é também com Sua humanidade, o que inclui Sua corporalidade.

A Eucaristia sempre foi considerada o "Sacramento da Igreja", estando, portanto, no centro da vida paroquial e da comunidade que dela participa. Não se edifica uma comunidade se esta não tiver sua raiz e seu centro na Eucaristia, lembra o Concílio Vaticano II (*Presbyterorum Ordinis* 6).

Nosso Senhor Jesus instituiu a Eucaristia na noite em que foi entregue aos soldados romanos, enquanto ceava com os apóstolos. Inaugurou o rito eucarístico, oferecendo aos apóstolos o sacramento do pão e do vinho, Seu próprio corpo e sangue em comida e bebida, e mandando que fizessem o mesmo em Sua memória. Portanto, delegou o poder de realização deste sacramento até o Seu retorno.

Na missa, o povo de Deus é convocado e reunido para celebrar a memória do Senhor, o sacrifício eucarístico. Pelas mãos e pela oração do sacerdote, o pão e o vinho transformam-se no Corpo e no Sangue de Jesus, embora sem perder sua aparência original. Esse ritual é chamado de transubstanciação.

O Papa João Paulo II assim falou sobre a Eucaristia: "Debaixo das aparências do pão e do vinho consagrados, permanece conosco o mesmo Jesus dos Evangelhos, que os discípulos encontraram e seguiram, viram crucificado e ressuscitado, cujas chagas Tomé tocou, prostrando-se em adoração e exclamando: 'Meu Senhor e meu Deus!'"

Há também um trecho belíssimo na exortação apostólica *Sacramentum Caritatis* de Bento XVI, em que o Santo Papa comenta sobre a Eucaristia: "Sacramento da Caridade, a Santíssima Eucaristia é a doação que Jesus Cristo faz de Si mesmo, revelando-nos o amor infinito de Deus por cada homem. Neste sacramento admirável, manifesta-se o amor 'maior': o amor que leva a 'dar a vida pelos amigos'" (Jo 15,13). De fato, Jesus "amou-

-os até o fim" (Jo 13,1). Com estas palavras, o evangelista introduz o gesto de infinita humildade que Ele realizou: na vigília da Sua morte por nós na cruz, pôs uma toalha à cintura e lavou os pés dos seus discípulos. Do mesmo modo, no sacramento eucarístico, Jesus continua a amar-nos "até ao fim, até o dom do Seu corpo e do Seu sangue. Que enlevo se deve ter apoderado do coração dos discípulos à vista dos gestos e palavras do Senhor durante aquela Ceia! Que maravilha deve suscitar, também no nosso coração, o mistério eucarístico!"

A maior dúvida que as pessoas têm, e com certeza é a pergunta campeã entre aquelas que recebo todos os dias, diz respeito à permissão ou não de comungar para aqueles que estão em segunda união. Foi o próprio Jesus quem instituiu os sacramentos, os quais são administrados pela Igreja, portanto, esta pode estabelecer orientações para o bem dos fiéis.

Não nos cabe julgar nem culpar ninguém, até porque nossa missão enquanto anunciadores da Palavra de Deus é acolher, mas, uma vez em segunda união e tendo sido casada na Igreja previamente, a pessoa não pode confessar, pois não há matéria de arrependimento, e, portanto, é orientada a não comungar. Para se buscar o Sacramento da Confissão, é preciso sentir arrependimento do pecado cometido e ter o firme propósito de, ajudado pela graça, não cometer o mesmo pecado. Obviamente, uma pessoa que está satisfeita em suas segundas núpcias e quer manter o relacionamento não se encaixa nesse perfil.

Isso não quer dizer que a pessoa vá para o inferno; a misericórdia de Deus é infinitamente maior que tudo e só ela sonda o coração de cada pessoa.

Vale lembrar que os separados que vivem sós podem comungar.

As pessoas que têm algum tipo de impedimento e não podem receber a Sagrada Comunhão são convidadas a, no momento em que ela ocorre, unir-se intimamente a Jesus pela fé. Existe uma oração, criada por Santo Afonso Maria de Ligório, própria para esse momento: "Creio, meu Jesus, que estais presente no Santíssimo Sacramento. Amo-Vos sobre todas as coisas e desejo-Vos possuir em minha alma. Mas, como agora não posso receber-Vos sacramentalmente, vinde espiritualmente ao meu coração. E, como se já Vos tivesse recebido, uno-me inteiramente a Vós; não consintais que de Vós me aparte."

Já aqueles que são casados somente no civil e não encontram impedimento para que se casem também na Igreja, mas não desejam fazê-lo, devem ser conscientizados de que não é possível querer um sacramento e recusar outro como, por exemplo, pleitear a comunhão sem receber o Sacramento do Matrimônio ou vice-versa.

Numa situação extrema em que uma das partes não aceita receber o sacramento de jeito nenhum, mas a outra, praticante, insiste em casar-se na Igreja para poder comungar, é possível à parte católica entrar com um recurso perante a paróquia, que, por sua vez, o submeterá à apreciação da Cúria Metropolitana, a qual poderá permitir o casamento apesar de não haver consenso entre as partes.

Alimente-se contra o mal

Percebo que muitas pessoas, por distração ou algum outro impedimento interno, embora presentes na missa, acabam não rezando. Isso é fácil de detectar, bastando perguntar o que o padre disse ou qual era o Evangelho para receber respostas evasivas como "não sei", "não lembro". Outras não rezam, porque não entendem a dinâmica e o sentido da Santa Missa, cujo ponto alto é a Eucaristia.

De forma bem sintética, pode-se dizer que a Santa Missa é um Memorial de Nosso Senhor e também um banquete sagrado, sendo, tradicionalmente, dividida em duas partes. A primeira, também denominada Liturgia da Palavra, é aquela na qual Cristo é presença viva na Palavra proclamada e ocorre no local chamado ambão. Já a segunda é a Liturgia da Eucaristia. Nela, o altar assume o papel de mesa do Senhor, onde as oferendas são preparadas e oferecidas; é o lugar do sacrifício de Jesus, a mesa em que se celebra a Eucaristia.

A celebração eucarística é o momento do nosso encontro com o Senhor. Além disso, ela nos reúne como povo de Deus, comunidade e Igreja. Comendo o mesmo pão e bebendo o mesmo cálice, entramos em comunhão com Deus e com nossos irmãos.

O apóstolo Paulo, ao ensinar a comunidade de Corinto, pediu a todos: "Cada um, portanto, se examine antes de comer desse pão e beber desse cálice, pois aquele que come e bebe sem discernir o corpo do Senhor, come e bebe a própria condenação. Eis porque há entre vós tantos doentes e aleijados, e vários morreram" (I Cor 11,28-30).

Assim, para receber a Eucaristia, é necessário já possuir a vida de graça, que se adquire por meio do Sacramento da Confissão. Essa condição previne-nos de receber a Eucaristia estando em pecado mortal, o que seria novo pecado mortal, neste caso contra o mais precioso dom concedido por Deus a todos nós: o dom de si mesmo. Também é necessário estar em jejum de pelo menos uma hora antes de receber a comunhão.

> Ninguém pode participar da comunhão eucarística com mentalidade individualista, pois estaria ferindo o verdadeiro significado desse sacramento.

Há pouco tempo, uma ouvinte desabafou dizendo que não sabia mais o que fazer, pois o marido insistia em frequentar lugares que não devia e estava tendo reações estranhas. Ela confidenciou sua intenção de, segundo suas próprias palavras, "descer a lenha nele". Então, perguntei: "E a senhora? É católica?" Ela respondeu afirmativamente. Em seguida, questionei se confessava e comungava, e qual não foi minha surpresa ao ouvi-la dizer que não! Resultado: quem acabou "descendo a lenha" fui eu, afinal uma esposa não pode ajudar o marido se ela mesma não estiver forte na fé.

Do ponto de vista físico, se nos alimentamos mal, a imunidade do organismo diminui e ficamos vulneráveis, sujeitos a resfriados e infecções. Na vida espiritual, não é diferente: se não comungamos, não nos alimentamos de Jesus Eucarístico, ficamos fracos, comprometendo nossa "imunidade espiritual". Se não tivermos uma vivência eucarística, perdemos o fortalecimento em Deus e tornamo-nos alvos fáceis para o Inimigo. Segundo Santo Tomás de Aquino, "a comunhão destrói a tentação do Demônio".

Muitas comunidades costumam distribuir a comunhão na forma da intinção, que é o ato de molhar no vinho consagrado apenas parte da hóstia consagrada. No entanto, tanto aqueles que comungam com uma hóstia inteira quanto os que o fazem com um simples pedaço recebem Jesus por inteiro. Ou seja, mesmo quando a hóstia consagrada é dividida, Jesus está todo, inteiro em cada uma das partes. Se cair um pedacinho da hóstia consagrada ou derramar-se uma gotinha do cálice no chão, Jesus estará indivisivelmente ali presente.

Enquanto a hóstia mantém-se nas aparências de pão e vinho, é presença real de Jesus dentro de nós. Quando ela é digerida pelo nosso organismo, mais ou menos 15 minutos após sua ingestão, Jesus não está mais sacramentalmente presente, mas Sua graça permanece.

Aproveite a presença real de Jesus em você

Infelizmente, muitas pessoas criam um distanciamento negativo quando estão na missa, por razões já apontadas e por outras que não me cabe aqui detalhar. O resultado é que a Eucaristia acaba não gerando a transformação necessária.

Frédy Kunz, em seu livro A *Burrinha de Balaão*, comenta que se comemos alho não precisamos contar para ninguém, pois exalamos seu odor pelos quatro cantos. O mesmo efeito deveria ocorrer quando ingerimos a hóstia na Eucaristia. Contudo não exalamos nem transpiramos Jesus em nossos pensamentos, palavras e atitudes. Pelo menos não é o que se vê normalmente.

Essa realidade precisa mudar. Quando nos levantamos da mesa de comunhão, somos o "sacrário vivo", trazemos Jesus no coração. Toda nossa atenção deve estar voltada para esse momento de intimidade, devemos concretizar o amor e o respeito a Jesus Eucarístico. Ao voltarmos para o cantinho que está ocupando durante a celebração da missa, o fiel deve aproveitar, saborear essa presença real de Jesus em si e fazer sua oração de agradecimento.

Não é o momento de trocar receitas de bolo, número de telefones nem ficar paquerando. Tanto que na Liturgia pede-se que o canto seja meditativo, introspectivo e somos chamados a rezar. É um momento tão sublime que São Filipe Neri, ao observar um homem sair da igreja imediatamente após ter comungado, pediu para dois sacristãos acompanharem-no com duas velas acesas durante o tempo em que Jesus se fazia presença real na Eucaristia.

A propósito, para esse momento, há duas orações recomendadas, as quais estão no Missal Romano (livro usado durante a missa que contém vários tipos de orações eucarísticas). Uma delas, que eu rezo com mais frequência, é: "Faze, Senhor, que conservemos no coração puro o que a nossa boca recebeu. Que esta dádiva temporal transforme-se para nós em remédio eterno." Essa é a oração feita pelo sacerdote quando está realizando a purificação do cálice. A outra oração chama-se "Alma de Cristo", que se encontra no Missal como opcional.

Olhar para Jesus no Sacramento do Altar é ter a consciência de que somos amados por Deus e reconhecer os sinais desse amor presentes nos acontecimentos da nossa vida, em todos os pontos e vírgulas da nossa história.

Fazer uma experiência da presença real de Jesus é também amá-Lo e verificar se nosso coração está inteiro n'Ele ou dividido. É descobrir onde deixamos cada pedaço do nosso coração e pedir que o Espírito Santo revele qual parte dele não pertence ao Senhor. É deixarmo-nos forjar no fogo do Espírito Santo, para que os pedaços do nosso coração sejam fundidos como uma única peça, uma única joia, a qual não mais se separe em pedaços e pertença inteiramente ao Senhor.

Enfim, alimentar-se de Jesus Eucarístico significa comprometer-se com a partilha, a solidariedade e a justiça.

Jesus é presença viva na Palavra, na Assembleia celebrante e na Eucaristia.

ORAÇÃO

Foi Teu desejo, Jesus, estar com Teu rebanho até o fim dos tempos.

Transformaste este desejo em realidade quando disseste: "Tomai, comei. Tomai, bebei."

Senhor, eu creio e professo que no sacrifício do altar não és mais pão, mas verdadeira Carne.

Não és mais vinho, mas verdadeiro Sangue.

Por isso, Te peço,

Dá-me sempre deste Pão, que alimenta e ajuda na caminhada, na jornada e na peregrinação.

És o alimento que me fortalece na obediência ao Pai.

Jesus, há tantos que Te procuram em lugares onde não Te encontram, pois estás substancialmente na Eucaristia.

Eu Te louvo e Te agradeço por ter tão perto de mim a Tua presença real.

Além de alimento, Senhor,

És o remédio para minhas feridas, dores e fraquezas.

Senhor Jesus, Hóstia Santa, Pão que leva à eternidade, que mata a fome e o desejo de Deus.

Ao Teu Nome, todo ser humano é transformado.

Vem, Senhor Jesus.

Vem, presença real, faze-me criatura nova.

Amém.

9º Passo

Deixar que os dons do Espírito Santo germinem e cresçam em você

Todos nós já ouvimos dizer que "Deus não escolhe os capacitados, mas capacita os escolhidos" para lutar por um mundo mais justo e fraterno. Trata-se da mais pura verdade, e essa capacitação vem por meio dos Dons do Espírito Santo que nos ajudam a entender os planos de Deus em nossa vida e a superar o medo, a insegurança, a indiferença e o comodismo.

Ao todo, são sete os Dons: Sabedoria, Entendimento, Ciência, Conselho, Fortaleza, Piedade e Temor de Deus (CIC 1831).

O Espírito Santo é o próprio Dom de Deus para a alma do cristão, é o amor do Pai e do Filho.

Dom da Sabedoria

Desejosos do caminho fácil, desistimos do caminho certo. Enquanto a sabedoria dos homens leva a veredictos imparciais e corrompidos por egoísmo, avareza e vaidade pessoais, a Sabedoria de Deus leva à plenitude do homem. Ela nos faz descobrir os valores supremos e o sentido verdadeiro da vida.

Há muitas pessoas desprovidas de diplomas e conhecimentos acadêmicos que são altamente sábias graças a esse Dom que vem do Espírito Santo e desenvolve-se no cotidiano da vida. Ele faz o ser humano sábio para buscar a Deus, em primeiro lugar, e em seguida a igualdade de direitos e deveres. Desperta em cada um de nós o sentido da solidariedade e da justiça social. A Sabedoria como Dom nos faz pessoas livres para amar sem ter de tomar posse do que amamos.

A Sabedoria visa em primeiro lugar ao supremo (Deus) e só depois, como consequência, às coisas deste mundo.

Oração pedindo o Dom da Sabedoria:

Espírito Santo, concede-me o Dom da Sabedoria.

Sabedoria que faz caminhar nesta vida com o olhar na eternidade.

Sabedoria que vem do Alto mas faz viver com os pés no mundo e o coração no próximo.

Amém.

Dom do Entendimento

Alguns ditados populares como "nem tudo que brilha é ouro", "tempo é dinheiro" ou "parar é abrir a porta para a falência" ajudam a assimilar o que o Espírito Santo quer oferecer pelo Dom do Entendimento. Este nos dá penetração intuitiva e aguda do que é importante, valioso e realmente relevante para nós.

O Dom do Entendimento, prometido por Jesus e realizado em Pentecostes — momento em que o Espírito Santo desceu sobre Maria e os apóstolos, reunidos em oração no Cenáculo —, vem a nós para revelar os mistérios da fé e compreende as verdades profundas dos desígnios de Deus. É o Dom que nos leva à verdadeira contemplação de Deus e afasta-nos do que é passageiro e perecível, aproximando-nos do que é duradouro. O Dom do Entendimento leva-nos a captar de modo intuitivo, como por um instinto espiritual, o que há de mais profundo e valoroso em nossa vida e naqueles que nos cercam.

Oração pedindo o Dom do Entendimento:

Espírito Santo, derrama sobre a minha inteligência, pequena e limitada, o Dom do Entendimento, de forma abundante e profunda.

Revela-me os mistérios profundos de Deus.

Liberta-me das coisas fúteis da terra, para alcançar as verdades elevadas dos céus.

Mergulha-me nas verdades perenes da fé.

Amém.

Dom da Ciência

A ação do Espírito Santo é como uma brisa suave que nos toca com a santidade, inspirando-nos discernimento e um pensar reto sobre as coisas do mundo.

Suplicar e permitir-se vivenciar o Dom da Ciência é deixar-se ajudar no julgamento correto das obras criadas, não colocando nelas a felicidade perfeita, nem o fim absoluto de tudo o que somos e possuímos.

Por esse Dom, nossa inteligência, criatividade e sabedoria humana são potencializadas, de tal forma que o mundo e a natureza, principalmente as pessoas, passam a ser vistos como parte da grande oração de Deus.

O Dom da Ciência é um presente do Espírito Santo que leva o ser humano a uma melhor compreensão das coisas criadas e do próprio homem.

Oração pedindo o Dom da Ciência:

Divino Espírito Santo,

Derrama sobre mim o Dom da Ciência, para que eu possa julgar corretamente o valor das coisas criadas.

Tira de meus olhos o que me impede de ver a maravilha do mundo criado e de sua perfeita harmonia, da qual faço parte. Que ele não seja obstáculo para eu chegar a Deus, mas antes escada que me leve até Ele.

Amém.

Dom do Conselho

Há muitos que presumem ser dotados deste Dom e sentem-se autorizados a viver dando "pitacos" na vida dos outros. Na verdade, este Dom não autoriza ninguém a ser, sem mais nem menos, conselheiro, mas serve para que nos aconselhemos em Deus.

Pelo Dom do Conselho, o Espírito Santo dá-nos discernimento no falar e no agir. É o Dom que nos aperfeiçoa e age em nós proporcionando prudência, segurando nossos impulsos, quando nosso instinto quer espernear, brigar, maldizer. É o Dom que ilumina nossas decisões nas "encruzilhadas da existência" e dá a certeza de que estamos trilhando o caminho certo.

Na jornada da vida, cada trecho vencido com a graça de Deus já é uma vitória.

Com certa frequência, escutamos alguém lamentar: "Se arrependimento matasse, eu já estaria morto há muito tempo." Pois bem, esta é a oportunidade de antecipar-se e, em vez de rezar para consertar erros cometidos, faça sua oração para que Deus o ilumine antes de errar.

Oração pedindo o Dom do Conselho:

Divino Espírito Santo, infunde-me o Dom do Conselho.
Que o discernimento seja um fruto constante em mim.

Que Tua luz brilhe sempre no horizonte do meu pensar e agir.

Torna-me dócil às Tuas inspirações.

Rompe a minha surdez aos apelos da Sagrada Escritura e aos ensinamentos da Igreja.

Amém.

Dom da Fortaleza

Sem disposição para reagir, fracos na fé, machucados e feridos interiormente, deixamos de lutar e nos acostumamos a viver de "migalhas que caem da mesa", numa existência miserável, na qual rastejamos em troca de esperança, afeto e carinho. O Dom da Fortaleza é a graça oferecida para que possamos vencer esse estado de apatia e desânimo.

A fraqueza do corpo manifesta-se pelo cansaço e é curada com remédios, exercícios e alimentação adequada. Já a fraqueza do espírito evidencia-se pela incapacidade de buscar uma saída ou solução para situações de conflito e também pela falta de vontade de buscar uma vida nova na graça, longe de pecados e dos erros, sendo curada por meio do Dom da Fortaleza. Como remédio, ele nos fortalece para enfrentarmos todos os obstáculos diários, sejam eles pessoais, familiares ou profissionais.

O mais valioso fruto do Dom da Fortaleza é a perseverança, e lembremos: "Quem perseverar até o fim será salvo."

Oração pedindo o Dom da Fortaleza:

Santo Espírito de Deus,

Por meio do Dom da Fortaleza,

Reveste-me de saúde no corpo e na alma,

Para a missão de discípulo de Jesus à qual fui chamado pelo batismo.

Nesta missão de lutar pelos valores de Cristo,

Faze-me firme e perseverante até o fim.

Na Tua fortaleza, que eu me refugie.

Na Tua fortaleza, que eu avance.

Pela Tua fortaleza, que eu lute.

Com Tua fortaleza, que eu persevere.

Amém.

Dom da Piedade

O Dom da Piedade não implica apenas ser piedoso externamente, mas nos torna sensíveis à grandeza e santidade de nosso Criador e Pai. É o "sentido do mistério". A piedade nos leva não só a amar, mas também a adorar a Deus. O Dom da Piedade age diretamente em nosso interior, livrando-nos do desespero e impulsionando-nos a uma confiança maior em Deus, que, por Seu Filho Jesus Cristo, veio e vem em nosso socorro.

Ao experimentar o Dom da Piedade, quebramos a frivolidade, a fraqueza da alma e, principalmente, a incredulidade. Esse é o Dom santificador que faz brotar o fruto da serenidade nas provações e tempestades, permitindo um abandonar-se completamente nas mãos de Deus.

Oração pedindo o Dom da Piedade:

Espírito Santo,
Vem a mim com o Dom da Piedade.
Inflama meu coração e minh'alma do amor ardente a Deus.
Que a verdadeira piedade me faça crer na Providência Divina.
Que o desespero dê lugar à serenidade nas minhas aflições.
Amém.

Dom do Temor de Deus

Longe de ser "medo" de Deus, este Dom é, ao mesmo tempo, reverência, um sentimento de profundo respeito, e atração pelo intenso amor de Deus por nós.

Em verdade, "temor do Senhor" é uma qualidade do amor filial: é o cuidado (= temor) de não perder o amor e a graça do Pai. Isso cura o amor da presunção e da familiaridade abusiva na relação com Deus, como, por exemplo, chamar a Deus de "meu chapa", ou ainda dizer "ah, Ele perdoa tudo".

A teologia espiritual sempre distinguiu o "amor servil" (de escravos, que temem o chicote) do "amor filial" (de filhos que temem desagradar aos pais).

Por este Dom, o Espírito Santo infunde na alma de cada pessoa o desejo insaciável de um amor que só se completa em Deus, nosso amado Criador. O amor do ser humano por Deus e pela

Criação só se redime completamente quando a criatura voltar ao Criador. Temer a Deus não significa uma liberdade tolhida, uma criatividade anulada ou uma inteligência negada, mas sim um desejo de busca da vida em plenitude (Jo 10,10). Trata-se de um reconhecimento da supremacia de Deus sobre tudo e sobre todos de forma natural. Esse Dom faz com que experimentemos a nossa pequenez diante da grandiosa majestade de Deus.

O fruto a se colher deste Dom é um olhar contemplativo e fraterno para com tudo que o amor de Deus gerou: o mundo, a natureza, o próximo. O Dom do Temor de Deus faz brotar em nós a caridade, a fraternidade e o desejo de justiça.

Oração pedindo o Dom do Temor de Deus:

Divino Espírito, que é fruto do amor do Pai e do Filho,
Dá-me um amor reverente ao Três-vezes-Santo.
Inebria-me de amor de tal forma e tanto
Que eu não consiga fazer algo além de amar a Deus e ao próximo.
Amém.

Lembre-se: A súplica pelos Dons do Espírito Santo pode não ter um efeito imediato em nossa vida, mas nem por isso temos o direito de duvidar do cumprimento da promessa de Jesus.

Se, ao amanhecer, plantamos na terra uma semente, não podemos esperar que, à tarde, já esteja germinada. A germinação demanda certo tempo. Assim é o processo de santificação: contínuo, custoso e trabalhoso.

O Espírito Santo não só está conosco, como está em nós. Pelo batismo, tornamo-nos "templos" do Espírito Santo e Seus Dons revestem nossa alma de força, alimentando a aptidão, o desejo de Deus e a busca da santidade.

ORAÇÃO

Divino Espírito Santo,

Derrama sobre mim, neste dia, os Teus dons.

Peço os Dons da Sabedoria, do Entendimento, da Ciência, do Conselho, da Fortaleza, da Piedade e do Temor de Deus.

Divino Espírito Santo,

Há tantas coisas que não compreendo.

Há tantas respostas que não tenho.

Há tantas decisões a serem tomadas.

Divino Espírito Santo, amor do Pai e do Filho,

Inspira-me sempre o que devo pensar, o que devo dizer e como devo dizer.

O que devo calar, o que devo escrever, como devo agir.

Inspira-me o que devo fazer para obter a Tua glória e a minha própria santificação.

Divino Espírito Santo,

Acende uma luz em minha mente e dá-me discernimento sobre como devo proceder em minha vida.

Dá-me respostas para o momento presente, mas que eu jamais coloque em risco o meu futuro com Deus.

Divino Espírito Santo,

Afasta para longe de mim o Inimigo e traze-me a paz.

Divino Espírito Santo,

Faze que eu possa irradiar luz, bondade e amor.

Divino Espírito Santo, *ilumina-me!*

Divino Espírito Santo, *santifica-me!*

Divino Espírito Santo, *conduze-me!*

Amém.

10º Passo

Superar as crises da alma

Todos nós enfrentamos crises em nosso dia a dia. Às vezes são pequenas, em outros momentos parecem intransponíveis. Com nossa alma não é diferente. Para superar as crises da alma é necessário entender a vida nova em Cristo.

Na Carta aos Romanos, São Paulo nos convida a nos oferecer, sem reservas, sem medidas, a Deus (Rm 12). O grande problema é que nos oferecemos, mas não nos abandonamos nas mãos do Senhor. Oferecemo-nos, mas queremos que Deus faça a nossa vontade ao invés de nós fazermos a Sua. Queremos que Deus mude para nos satisfazer. Ou, então, oferecemo-nos, mas não entregamos tudo a Ele, guardando para nós desde bens materiais até sentimentos e verdades caladas.

Mas de que adianta viver de aparências, com as "gavetas" cheias de coisas inúteis, se a alma está vazia, sedenta e árida?

Na nossa condição natural de ser humano, precisamos de Deus, temos necessidade de algo mais, porém não sabemos nos entregar de coração escancarado, como Jesus fez, sem impor condições. Em nosso itinerário espiritual, e aí incluo a maioria daqueles que comungam e se dizem cristãos, nós vamos com reservas, não nos jogamos, não nos lançamos, não entregamos tudo.

Por isso, não é raro perceber que muitos estão com a alma vazia, enquanto outros permanecem sedentos ou com a alma em aridez.

Se há tristeza, desejo de suicídio, angústias, melancolia, tudo isso são problemas emocionais, mas, com certeza, resultam da ausência da "água que dessedenta", a mesma à qual Jesus se referiu ao dizer: "Quem beber dessa água não terá mais sede" (Jo 4,14).

> O vazio que sentimos só pode ser preenchido por Deus. A religião não é um ópio, não é alienação. O verdadeiro culto a Deus não engessa, não nos faz puritanos, não nos leva a uma patologia. Pelo contrário, o verdadeiro culto a Deus potencializa, expande, faz transbordar.

Alma vazia

As almas vazias, como o próprio nome sugere, resultam de um vazio interior, e o grande erro é tentar preenchê-lo com coisas, às vezes numa luta desenfreada por dinheiro, sexo e poder.

Santo Agostinho afirmou: "Tu nos criastes para Ti, Senhor, e nossos corações vivem inquietos enquanto não acharem repouso em Ti." O que ele quis dizer é que em nossa natureza humana tendemos a Deus, porém, podemos nos distanciar cada vez mais se trilharmos o caminho errado.

Uma pessoa materialista, por exemplo, sofre muito por seu apego aos bens materiais. Sempre buscando mais, acha que com isso conseguirá preencher a sensação de vazio que só faz aumentar. Do outro lado, uma pessoa avarenta também está doente, não com uma enfermidade física, mas espiritual, e não consegue livrar-se do problema.

E uma pessoa que passa horas e horas articulando fazer o mal, maquinando maquiavelicamente uma vingança, tem a alma preenchida?

Na verdade, ela se agarra a esse sentimento para preencher o vazio que sente, mas tudo não passa de ilusão.

Igualmente, quem pratica a fé por praticar também vive um vazio. Podemos frequentar grupos de oração, ter momentos de louvor intenso, mas não santificantes. Podemos entrar numa histeria, num frenesi, num transe coletivo, mas não atingir a maturidade espiritual, e isso pode acontecer com todos nós, até comigo que sou padre.

Uma alma vazia jamais consegue preencher o vácuo existencial, porque só Deus pode preenchê-lo.

Encontramos um exemplo de alma vazia numa parábola contada por Jesus, em que um homem rico diz: "Recolherei toda a minha colheita e os meus bens. E direi à minha alma: ó minha alma, tens muitos bens em depósito para muitíssimos anos; descansa, come, bebe e regala-te. Deus, porém, disse-lhe: Insensato! Nesta noite ainda exigirão de ti a tua alma. E as coisas que ajuntaste, de quem serão?" (Lc 12,16-20).

Sede de Deus

O Salmo 62 diz: "A minh'alma tem sede de Deus, pelo Deus vivo anseia com ardor" (Sl 62,2). Isso significa que a alma, por sua natureza, tem sede de Deus.

Uma alma sedenta nunca será saciada neste mundo, porque sempre vai procurar e querer mais, sem conseguir satisfazer-se com o que encontra pelo caminho. Na verdade, sua sede de Deus somente será saciada completamente quando voltar ao Criador e contemplá-Lo face a face.

Como expressou Santa Teresa de Ávila, "a sede exprime o desejo de algo, mas um desejo tão intenso que perecemos se dele nos privamos".

A sede de Deus provoca na alma a sensação de que não está completa, pois sempre falta algo.

É como se a alma tivesse memória de onde vem e para onde vai e, por conta disso, sentisse "saudade de Deus", o que gera em nós a esperança da volta à casa do Pai.

Somos criaturas de Deus, viemos de Deus e nosso destino é Deus.

A sede e a saudade que nos atraem para Deus encontram satisfação em Cristo, fonte de água viva, que chega a nós pelos dons do Espírito Santo e dos Sacramentos, especialmente a Eucaristia que nos une a Ele, ameniza a saudade e nos impulsiona a ir em frente e a buscar Deus sempre mais.

Jesus era o homem completo que acreditou, esperou e amou. Como homem perfeito que era, tinha sede e fome de Deus, como Ele mesmo disse: "O Meu alimento é fazer a vontade d'Aquele que me enviou e realizar Sua obra" (Jo 4,34).

Jesus buscou a Deus em todos os momentos de Sua vida: aos doze anos, foi encontrado no Templo entre os doutores (Lc 2,46-49); quando estava na montanha, passou a noite toda rezando (Lc 6,12); ao amanhecer Jesus se retirou e, a sós, rezou (Mc 1,35); nos momentos de alegria, Ele rezou agradecendo: "Eu te louvo, Pai, porque escondeste estas coisas dos sábios e as revelaste aos pequeninos" (Lc 10,21); nos momentos de angústia e aflição buscou a Deus, pedindo: "Pai, afasta de mim este cálice" (Lc 22,41); Jesus buscou a Deus, intercedendo pelos seus na oração sacerdotal (Jo, 17).

A afirmação "Tenho sede", proferida por Jesus na cruz (Jo 19,28), por sua vez, pode ser interpretada não só como sede de água, mas também, e sobretudo, como sede de amor, justiça e paz, em suma, sede de Deus. Em Cristo encontra-se, ao mesmo tempo, o homem sedento e a fonte de água viva, capaz de saciar para sempre a nossa sede.

> Como homem, Jesus foi sedento de Deus; como Deus, Jesus é a água viva (Jo 4,10).

Aridez espiritual

Nenhum de nós está livre de passar por um momento de aridez, de não sentir a consolação, de não provar a água que jorra do lado aberto de Cristo, acostumando-nos com aquela que o mundo oferece.

Uma estafa, assim como uma fadiga ou uma doença prolongada, pode resultar em aridez espiritual. Emoções muito fortes, perdas dolorosas podem igualmente desencadeá-la. Outro fator que costuma provocar aridez espiritual é o estresse causado pelo excesso de trabalho ou de compromissos, e todos nós estamos sujeitos a isso.

O importante é saber que também podemos entrar num estado de aridez para que nos purifiquemos, e isso não é negativo.

São João da Cruz fala da aridez como sendo a "noite escura" da alma. Ao contrário do que a expressão possa indicar, não significa uma "noite traiçoeira", mas antes um período de conflito pelo qual muitos de nós estamos passando. Ele é necessário para a vida espiritual, porque purifica a nossa sensibilidade, fazendo-nos crescer no verdadeiro amor.

A "noite escura", o momento de aridez ocorre, por exemplo, quando rezamos, mas parece que nossa oração foi uma porcaria. É quando nos sentimos o pior dos seres humanos, choramos os próprios pecados e vivemos uma parte dolorosa, que é o silêncio de Deus, levando-nos a uma angústia terrível. Lembremo-nos do Getsêmani, jardim onde Jesus passou a noite em que foi traído por Judas e viveu um momento de crise. Só que Ele não se entregou, não sucumbiu ao medo. Sentiu uma angústia mortal na alma, suou sangue, mas enfrentou dizendo aos guardas que o vinham prender: "Sou eu."

E nós, como lidamos com a nossa própria "noite escura"?

Nos momentos de consolação, a nossa oração flui, não sentimos o tempo passar e a prática de virtudes fica mais fácil. Sentimos a presença de Deus, e esse fato nos leva a rezar com gosto, dedicação e fervor. Contudo, quando entramos numa fase de aridez espiritual — e quem não entrou se prepare, pois todos podem deparar-se com ela a qualquer momento —, vivemos um estado de secura, desânimo, e até de "esfriamento da fé". Ou seja, mesmo sem querer, somos tomados por uma sensação de ter perdido a fé, e os momentos de oração tornam-se enfadonhos.

É aí que começa a verdadeira "prova de fogo". Se diminuirmos o tempo de oração, por exemplo, ou deixarmos de ir à missa, confirmaremos que ainda estamos presos unicamente à satisfação de nossos prazeres momentâneos e não ao Criador. A aridez espiritual é, portanto, um importante medidor para sabermos a quantas anda nossa fé.

São Francisco de Sales escreve em seu livro *Filoteia*: "É um erro medir a nossa fé com base nas consolações que experimentamos. A verdadeira piedade, o caminho para Deus consiste em ter uma vontade resoluta, em fazer tudo o que Lhe agrada." Mesmo não compreendendo, não obtendo satisfação ou não encontrando consolação, temos de rezar sempre, na mesma quantidade, não importa se sentimos prazer ou não.

Santa Teresa de Ávila passou vinte anos de "noite escura", a ponto de ser assaltada por dúvidas acerca da presença real de Jesus na Eucaristia, mas nunca deixou de comungar. Madre Teresa de Calcutá, por sua vez, também viveu uma longa aridez espiritual que durou em torno de cinquenta anos. Chegou a sentir dúvidas sobre a existência de Deus, mas em nenhum dia deixou de orar, de sair pelas ruas reconhecendo a face de Cristo no rosto dos pobres e de cuidar deles.

A alma árida tem de ter consciência, como uma criança que gosta do colo do pai, de que mesmo não estando nesse lugar em determinados momentos, poderá sempre contar com ele. É exatamente dessa forma que devemos compreender a nossa relação com Deus: já experimentamos o "colo do Pai" e, mesmo que não nos sintamos acolhidos, não significa que estejamos sós. Ele sempre está presente no amor que sente e nos fez experimentar, um amor tão grande que O fez capaz de dar a vida de Seu Filho por nós. Isso é importantíssimo e faz toda a diferença.

Se pensamos que Deus está distante, estamos cometendo um erro em nossa espiritualidade. Deus não se distancia, nós é que não estamos sentindo o amor. O silêncio de Deus certamente dói demais, mas não quer dizer que Ele não esteja presente por meio do Seu amor.

O momento em que entramos numa aridez pode ser um momento de profundo progresso espiritual se, ao caminharmos na "noite escura", dissermos como Madre Teresa: "Senhor, seja a minha luz."

Na "noite escura", aprendemos a amar a Deus por Ele mesmo, e não pela consolação ou pelo que Ele possa dar. Aprendemos a crer em Deus, confiar e esperar trabalhando, contribuindo, lutando, rezando, vigiando, comungando e amando.

Discernimento

O atributo próprio mas não exclusivo do Pai é ser Criador, o do Filho é ser Redentor e o do Espírito Santo é ser Santificador. Já o atributo do Diabo é ser enganador. Foi assim com os primeiros pais no Paraíso: o Diabo enganou Adão e Eva, fazendo parecer bom algo que era ruim.

Sabemos o que é o mal, o que é o pecado, mas mesmo assim o vivemos, pois nossa força foi diminuída pela ação do Inimigo, que nos pegou pelos sentidos. Por isso, precisamos de discernimento, que é fundamental para quem quer crescer na maturidade espiritual.

São Paulo, na armadura do cristão, diz que a Espada do Espírito é a Palavra. A espada corta, desmascara e tira a falsa representação do mal.

Um dos pontos para o discernimento é observar o começo, o meio e o fim de nossos pensamentos e ações, verificando se são inteiramente puros. Se sim, quem está nos movendo é o Espírito de Deus e nos inclinamos para o bem. Se não — por exemplo, aquilo que nos propomos a fazer tira-nos da tranquilidade e termina em confusão —, isso indica a influência do espírito mundano e significa que o Inimigo está colocando em risco a nossa salvação.

Mesmo na caridade, devemos ponderar o porquê dos nossos gestos. Se a motivação for a vaidade pessoal, a necessidade de aplauso, podemos ficar nus e dar toda a roupa para alguém que continuaremos distantes das verdades de Cristo.

Deus convida-nos a um banquete no qual podemos sentar à mesa, e, às vezes, por conta da falta de discernimento, acabamos enganados pelo Inimigo e ficamos só com os "farelinhos". Ora, não faz sentido ficarmos só com as migalhas quando temos um banquete à nossa disposição.

Deus quer mais conosco. Deixemo-Lo agir!

ORAÇÃO

Senhor, de quem procede toda a felicidade.

Deus, que é amor e vida,

Afasta de mim todo sentimento ruim, principalmente o desânimo, a frustração, a raiva, a aridez espiritual e o desgosto.

Não permitas, Senhor,

Que esses sentimentos venham envenenar-me e causem uma enfermidade em minha alma.

Ajuda-me a atravessar a "noite escura" da alma com serenidade e perseverança.

Faze-me sentir o Teu consolo na oração.

Faze minha alma sedenta de Ti, Senhor!

Faze que meus sentimentos sejam de alegria, esperança e confiança,

E que, assim, eu possa irradiar a todos a pertença a Ti, Senhor.

Enche-me, Senhor, com a Tua paz, o Teu amor e a Tua alegria.

Amém.

11º Passo

Praticar as obras de misericórdia corporais

Ter misericórdia não é simplesmente ter pena de alguém. Longe disso, ter misericórdia e exercitá-la significa ter compaixão e solidariedade para com a necessidade do outro. Não se trata apenas de dar esmola e sim de não ser indiferente à carência física, espiritual ou material da outra pessoa, buscando elevá-la à dignidade e à vida.

> Disse Jesus, de quem nos esforçamos para ser discípulos: "Sede misericordiosos como vosso Pai do céu é misericordioso" (Lc 6,36). Em outro momento, reafirmou, citando o profeta Oseias: "Quero misericórdia e não sacrifícios" (Mt 9,13). E, mais uma vez, insistiu nas bem-aventuranças: "Bem-aventurados os misericordiosos, porque alcançarão misericórdia" (Mt 5,7).

Partindo da Palavra de Deus, como citarei, e da Tradição da Igreja (CIC 2447), existem 14 obras de misericórdia, sendo sete corporais e sete espirituais. Este capítulo visa aprofundar a reflexão sobre o que é ser misericordioso por meio da descrição das sete misericórdias corporais.

1) Dar de comer a quem tem fome

Várias vezes, Nosso Senhor Jesus Cristo preocupou-se com a fome dos que O seguiam (Lc 9,10-17). Seu mandato ecoa até hoje: "Dai-lhes vós mesmos de comer" (Lc 9,13).

Padre Zezinho expressa muito bem isso na letra de sua canção intitulada "Daqui do meu lugar": "Somos a Igreja do pão, do pão repartido, do abraço e da paz." É bem verdade que nossas cestas básicas, missas do quilo e sopões, servidos nas madrugadas frias, não resolvem os problemas sociais, mas são uma solução imediata que sacia quem sente o desespero da fome.

É urgente e necessário que avancemos em políticas sociais que atinjam a causa da fome, mas, enquanto não chegamos ao ideal, exercitemos a partilha para aplacar o sofrimento real. "Quem tiver muita roupa partilhe com quem não tem, e faça o mesmo quem tiver alimentos" (Lc 3,11).

2) Dar de beber ao sedento

Nosso Mestre Jesus disse: "Todo aquele que der ainda que seja somente um copo de água fresca a um destes pequeninos, porque é Meu discípulo, em verdade eu vos digo: não perderá sua recompensa" (Mt 10,42).

Em nossos tempos, esta obra de misericórdia pode até parecer sem sentido, considerando que a maioria das pessoas conta com água encanada em seus lares. No entanto, não podemos esquecer daqueles que, em pleno século XXI, ainda enfrentam o desafio de muitos quilômetros para buscar água em açudes e em carros-pipas, num Brasil de graves contrastes sociais que clama aos céus por igualdade de direitos.

Podemos não ter como, diretamente, praticar esta obra de misericórdia nas regiões do Brasil que sofrem o flagelo da seca, mas podemos fazê-lo de forma indireta. Como?

Sabemos que água é vida e, a médio e longo prazos, tende a ser um "tesouro" cada vez mais raro e precioso. Então, nada mais sensato que ativarmos nossa consciência cristã e ecológica e adotarmos o uso responsável da água potável, o que permitirá a economia de muitos copos d'água que, dessa forma, poderão chegar até quem deles necessita.

Não desperdiçar água é uma forma de dar de beber ao sedento hoje ou no futuro.

Uma reflexão importante também deve ser feita sobre a expressão "sede de justiça" mencionada por Jesus Cristo nas bem-

-aventuranças, conjunto de ensinamentos também conhecido como Sermão da Montanha (Mt 5,6). Saciar a sede real de água não seria o caminho mais curto para termos nossa sede de justiça saciada?

3) Vestir os nus

Segundo relatam os Evangelhos, João Batista, o precursor de Jesus, recomendou: "Quem tem duas túnicas dê uma ao que não tem" (Lc 3,11a). Já o apóstolo Tiago escreveu à comunidade que lhe foi confiada pastorear: "Se a um irmão ou a uma irmã faltarem roupas e o alimento cotidiano, e algum de vós lhes disser 'Ide em paz, aquecei-vos e fartai-vos', mas não lhes der o necessário para o corpo, de que lhes aproveitará? Assim também a fé: se não tiver obras, é morta em si mesma" (Tg 2,15-17).

Recentemente, deparei-me com uma situação triste. Percebi que uma senhora levava muitas peças de roupas e pares de sapato para um bazar beneficente. Mas o que a princípio parecia uma atitude louvável, na realidade, era fruto de uma compulsão em comprar e uma forma velada de esvaziar o guarda-roupa e a sapateira para ter sempre espaço capaz de acomodar os artigos comprados em suas frequentes visitas ao shopping. Caridade? Obra de misericórdia? Creio antes numa partilha de bens, na qual a atitude condiz com a intenção e a real motivação.

Em contrapartida, soube de algo edificante: uma pessoa, após observar que seu colega de trabalho, recém-contratado, passou semanas com a mesma calça, deu-se conta de que era a única que ele tinha. Então, com muita sutileza e discrição, para não humilhar o colega, presenteou-o com uma calça jeans.

4) Dar abrigo aos peregrinos

Jesus foi um desabrigado já em Seu nascimento, quando negaram a José e a Maria, que estava para dar à luz, um lugar na hospedaria (Lc 2,7).

Tendo em vista que a realidade dos tempos de Cristo era muito diferente da atual, torna-se complicado, perigoso e até ingênuo querer acolher em casa pedintes ou moradores de rua. Porém, Deus suscita obras de acolhimento na Igreja, por intermédio dos padres, religiosos(as) e leigos(as), o que nos permite praticar esta obra de misericórdia.

Como cidadãos e cristãos atuantes em nossa comunidade, somos chamados a contribuir econômica e voluntariamente para os serviços desta obra.

Não podemos eximir o Poder Público de uma política habitacional. Ao contrário, é nosso dever enquanto cristãos estarmos atentos a isso como obras de misericórdia. No entanto, sei de inúmeros casos de famílias, nos grandes centros, que tomam suas próprias iniciativas e acolhem pessoas vindas do interior até que se estabeleçam economicamente.

O objetivo aqui não é forçar o comprometimento com essa obra de misericórdia, mas tal acolhimento é muito bem-vindo e deve ser incentivado.

5) Assistir os enfermos

Os Evangelhos relatam diversas situações em que Jesus acolheu, atendeu, socorreu e curou os doentes. Às vezes, eram levados a Ele ao entardecer (Mc 1,32-34); em outros momentos pediam que Ele fosse até a casa do enfermo, como fez o oficial que suplicou a cura do filho moribundo (Jo 4,46-53). Vale lembrar ainda a ação de Jesus na casa de Pedro, quando curou sua sogra (Mt 8,14-15). De fato, Jesus desdobrou-se em misericórdia para com os doentes.

> **Maria, mesmo grávida, andou mais de cem quilômetros para ajudar e pôr-se a serviço da idosa Isabel, sua parenta, grávida de seis meses.**

A obra de misericórdia na qual se assiste os doentes começa na família, quando se lida com doenças prolongadas e, às vezes, irreversíveis, como câncer, paralisia, anencefalia, aids, entre outras. Trata-se também de um trabalho voluntário em hospitais, asilos e casas de recuperação terapêutica, estendendo-se ainda às pastorais urbanas dedicadas a acompanhar aqueles que, nos grandes centros urbanos, vivem a dor de sua enfermidade na solidão e no esquecimento.

De forma profética, esta obra de misericórdia questiona a ausência de pastorais de saúde, tanto em nossas comunidades e paróquias como nos hospitais, que efetivamente possam marcar presença nesses momentos de fragilidade intensa do ser humano.

Muitos se perguntam: "O que fazer por um doente gravemente enfermo?"

Na maioria dos casos, dependendo do estágio da doença, não é o *fazer* que importa, mas o *estar*. Misericórdia e solidariedade significam *estar* perto de quem sofre, mesmo sem entender a extensão do sofrimento, pois o pulsar e o latejar da dor é próprio de quem está machucado.

Vale lembrar que assistir os doentes até o fim não tem nada a ver com toda e qualquer ideia de eutanásia e práticas similares. Ao contrário, implica, antes, oferecer, além dos recursos físicos e terapêuticos necessários, assistência religiosa e espiritual, algo que muitos familiares têm esquecido e negligenciado.

6) Socorrer os presidiários

Ficará à direita de Deus, no grupo dos bem-aventurados, aquele que visitou os que estavam na prisão (cf. Mt 25,36).

Hoje, o acesso aos presídios não é livre, havendo certo rigor na triagem de visitas aos presidiários.

Os homens e mulheres confinados pelo sistema carcerário já somam quase meio milhão de pessoas que vivem em condições precárias. Nossas dioceses, por sua vez, ainda são deficientes em se tratando de uma pastoral carcerária efetiva e dinâmica. Os presidiários costumam ser lembrados nos períodos eleitorais, quando são feitas promessas de construção de novos presídios, e durante as rebeliões, que, quanto mais violentas e longas, mais espaço encontram na mídia. Chegam a inspirar filmes premiados. No entanto, passado o burburinho, a realidade dos presos logo cai no esquecimento.

Há pouco tempo, um ouvinte que acompanha meu programa de rádio na prisão escreveu-me partilhando: "Minha família não me visita, porque tem vergonha de mim, mas eu também tenho deles..."

A obra de misericórdia por meio da qual se assiste presidiários também se estende aos seus familiares, por meio de auxílio financeiro e apoio emocional para superarem os preconceitos.

7) Enterrar os mortos

Cada pessoa é templo do Espírito Santo e, mesmo depois de morta, seu corpo merece respeito.

A Igreja permite a cremação do corpo, desde que não seja um ato que se faça numa manifestação de contrariedade à fé na ressurreição dos mortos (CIC 2301). Da mesma forma, a doação gratuita de órgãos não é um desrespeito ao corpo quando desejada pela própria pessoa, sendo considerada uma prática legítima, incentivada pela Igreja como meritória.

Acredito seriamente que o velório ou guarda do corpo é muito válido, importante e edificante, tanto para o morto como para os familiares. Da parte do falecido, pelas orações feitas em seu favor; da parte dos familiares, pela oportunidade de perdão, conversão e reflexão. Sobre isso, você aprenderá mais nas obras espirituais descritas no próximo capítulo.

Para finalizar, partilho algo que me marcou muito na infância. Certo dia, minha mãe, em sua simplicidade, disse-me: "Filho, Jesus Cristo às vezes desce do céu e se veste com roupas de mendigo, anda pelas ruas e bate nas casas pedindo esmola. Nunca se desfaça de uma pessoa pobre."

Certamente, para alguns não passará de "lorota", mas há muito de verdade nesse ensinamento.

> "Tive fome e me deste de comer, tive sede e me deste de beber, era peregrino e me acolheste, nu e me vestiste..." (Mt 25,35-40).

ORAÇÃO

Senhor, como é belo ver no outro um irmão e estender as mãos.

Como é belo olhar o outro com amor e abrir o coração.

Senhor, faze-me um verdadeiro samaritano para meus irmãos famintos, sedentos, carentes, esfarrapados, estrangeiros.

Faze-me, Senhor, um verdadeiro Cireneu para meus irmãos cansados, caídos, prisioneiros, injustiçados, tristes e sem esperança.*

Senhor, faze com que eu promova a justiça e a fraternidade,
Sem diferenças, sem preconceitos, sem discriminação.

Ajuda-me, Senhor, a construir o Teu Reino e antecipá-lo no hoje da nossa história.

Ajuda-me a concretizar Tua Palavra que diz: "Em verdade, vos digo que, quando o fizestes a um destes meus irmãos mais pequeninos, a mim o fizestes" (Mt 2,36).

Liberta-me, Senhor, do egoísmo, do orgulho e da avareza.

Que eu saiba ajudar, acolher.

Que as pessoas, ao se aproximarem de mim,
Sintam a Tua presença e a Tua força a transbordar do meu coração.

Amém.

---

* Simão Cireneu, segundo o Evangelho (Mc 15,21), vinha do campo e ajudou Jesus a carregar a cruz.

12º Passo

Vivenciar as obras de misericórdia espirituais

Como já foi explicado antes, vivemos hoje uma cultura individualista e consumista. Exatamente por isso, muitas vezes tornamo-nos insensíveis com as pessoas que, em todas as suas situações de carência, necessitam de ajuda ou simplesmente de uma palavra amiga.

Na contramão desse comportamento, ajudando-nos a resgatar os princípios de Jesus Cristo, estão as sete obras de misericórdia espirituais – instruir, aconselhar, consolar, confortar, perdoar, suportar com paciência e rezar por vivos e mortos –, que são descritas em detalhes, uma a uma, neste capítulo.

> Vivenciar as obras de misericórdia espirituais é tornar-se um bem-aventurado do Pai.

1) Aconselhar (Dar bons conselhos aos que necessitam)

Jesus orientou e aconselhou a não sermos cegos guiando cegos (Mt 15,14), e também a tirar primeiro a trave dos nossos olhos para, depois, tirar o cisco dos olhos do irmão (Mt 7,5). Apesar da força desse conselho e do alerta de Jesus, não podemos nos eximir de dar bons conselhos àqueles que estão à nossa volta.

Dar bons conselhos significa orientar e ajudar a quem precisa. Para isso, é preciso mergulhar na graça do Espírito Santo, a fim de perceber os sinais de Deus que nos auxiliam na compreensão e no discernimento dos fatos. Perigosos são os conselhos quando dados sem uma vida de oração. Destrutivos são os conselhos recebidos nas mesas de botequins ou grupos de fofoqueiras.

Na história do povo de Deus, no Antigo Testamento, um mau conselho dado ao rei de Israel por parte de um falso profeta custou ao povo massacre, invasão e cativeiro (Nm 31,16).

Por conselhos desprovidos da luz de Deus, muitas amizades foram desfeitas, casamentos destruídos e guerras iniciadas. O apóstolo São Paulo também sofreu um naufrágio por não terem escutado seu conselho, e queixou-se disso em Atos 27,21ss.

Aconselhar não é profetizar o futuro, muito menos projetar nossas angústias nos outros; é, antes de tudo, à luz da oração e do conhecimento da vontade de Deus sobre a humanidade, ajudar os que nos pedem a ter discernimento nas opções e decisões a serem tomadas.

Aconselhar é ajudar a lançar luz no caminho de quem hoje anda nas sombras.

2) Instruir (Ensinar os que não sabem)

Instruir não é simplesmente transmitir conhecimentos, mas também corrigir os que erram, ensinando-lhes os valores do Evangelho e formando-os na doutrina e nos bons costumes éticos e morais.

A história da salvação é, sem dúvida, uma instrução contínua e ininterrupta da parte de Deus para com a humanidade, porém nem sempre conseguimos compreender os desígnios de Deus. O próprio Jesus Cristo escolheu pessoalmente 12 homens para que os pudesse instruir, no entanto, já no final de sua convivência, afirmou: "Há muitas coisas para vos revelar, mas que não podeis compreender agora, por isso vos mandarei o Espírito da verdade que vos levará à plena verdade." (Jo 16,12-13a)

Cada pessoa tem sua hora de encontrar a "verdade", e daí resulta a missão de instruir, que não só é de responsabilidade da Igreja, como também de pais e catequistas, como de todos nós. Vale reforçar que, na concepção de Jesus Cristo, não há pessoas que sejam casos perdidos, das quais tenhamos o direito de desistir.

> Evangelizar é também instruir para a verdade, a luz que emana de Jesus Cristo.

À comunidade de Colossenses, Paulo disse: "A palavra de Cristo permaneça em vós com toda sua riqueza, de sorte que com toda sabedoria possais instruir e exortar-vos mutuamente." (Col 3,16a)

Lembremos que toda instrução que brota da caridade, oração e paciência gera frutos em abundância.

3) Corrigir os que erram

Esta obra de misericórdia nos lembra que, antes de qualquer julgamento e condenação, nossa atitude deve ser de corrigir na fraternidade aqueles que estão no erro.

Jesus nos exortou à "correção fraterna" dizendo: "Se teu irmão tiver pecado contra ti, vai e repreende-o entre ti e ele somente; se te ouvir, terás ganhado teu irmão. Se não te escutar, toma contigo uma ou duas pessoas, a fim de que toda a questão se resolva pela decisão de duas ou três testemunhas. Se recusa ouvi-los, dize-o à Igreja. E se recusar ouvir também a Igreja, seja ele para ti como um pagão e um publicano. Em verdade vos digo: tudo o que ligardes sobre a terra será ligado no céu, e tudo o que desligardes sobre a terra será também desligado no céu" (Mt 18,15-18).

Nenhum de nós consegue ver bem as próprias falhas, por isso é um ato de amor ajudarmos uns aos outros a nos corrigir. Porém, exercitar essa obra de misericórdia exige humildade tanto daquele que corrige como daquele que recebe a correção. Somente um coração humilde e fraterno consegue corrigir sem se sentir superior, sem se colocar acima do outro, sem presunção. Da mesma forma, somente um coração humilde recebe a correção como um ato de amor e ajuda para seu crescimento como pessoa e não como crítica ou repreensão.

A prudência também deve ser considerada, escolhendo o momento oportuno, guardando a devida discrição, evitando expor desnecessariamente as pessoas.

Ninguém deve dizer que "esta" ou "aquela" pessoa não tem mais jeito. Devemos ter a atitude de corrigir, alertar, orientar, reorientar e ajudar a sair do erro aqueles que vivem nas drogas, no alcoolismo, no adultério, no "ficar", no afastamento de Deus e da Igreja. Precisamos corrigir na fraternidade e instruir para a verdade, que é Cristo.

4) Consolar (Aliviar o sofrimento dos aflitos)

O mundo está cada vez mais povoado. Pessoas vão e vêm trombando umas nas outras nas ruas e nos ambientes de trabalho, mas quase ninguém se conhece, que dirá partilhar suas experiências. Solitários em meio à multidão, pouco falamos de nossos sentimentos. Ouvimos menos ainda. Não há tempo. Na verdade, não queremos arrumar tempo, pois ouvir compromete.

No entanto, estamos todos no mesmo barco. Não há quem não passe por momentos de aflição e sofrimento, algumas vezes em consequência de nossos próprios erros; em outras, por perdas, enfermidades, problemas pessoais ou familiares. Nessas ocasiões, precisamos de consolação. Da parte de Deus, ela vem com certeza, pois consolar é um de Seus atributos. Em Isaías, encontramos Deus comparado à figura materna: "Como uma criança que a mãe consola, sereis consolados em Jerusalém" (Is 66,13).

> Nosso Senhor Jesus Cristo deu-nos muitos exemplos de consolação, como Seu empenho em consolar Marta e Maria na morte de Lázaro (Jo 11,19).

Mas aliviar o sofrimento moral e espiritual também deve ser uma prática entre irmãos, como recomenda São Paulo: "Consolai-vos mutuamente e edificai-vos uns aos outros." (1Tes 5,11). Por isso, a atitude de consolar apresentada como uma obra de misericórdia, mais do que nunca, torna-se uma virtude cristã a ser exercitada no cotidiano. Na prática, essa obra concretiza-se por meio das seguintes atitudes: exercitar os olhos para as tragédias alheias; aguçar os ouvidos para escutar os soluços dos que sofrem; oferecer o ombro para deixar reclinar-se sobre ele quem chora; estender a mão para levantar quem tropeça e cai.

Vale lembrar que o ato de consolar gera uma espécie de rede virtuosa, cujo número de adeptos tende sempre a crescer. Mais uma vez, é São Paulo, fiel apóstolo de Jesus, quem chama a atenção para isso na sua segunda carta aos Coríntios: "Bendito seja Deus, o Pai de nosso Senhor Jesus Cristo, o Pai das misericórdias, Deus de toda a consolação, que nos conforta em todas as nossas tribulações, para que, pela consolação com que nós mesmos somos consolados por Deus, possamos consolar os que estão em qualquer angústia!" (2Cor 1,3-4).

Hoje consolamos, amanhã seremos consolados.

Confortar não significa apenas dar o que é material ou simplesmente tentar fazer o necessitado esquecer o motivo de sua angústia ou desânimo, mas estar incondicionalmente ao seu lado, tornando as dificuldades mais amenas e revigorando-o na fé.

Infelizmente, muitas vezes não nos colocamos à disposição de quem está abatido e desanimado por acharmos que essas pessoas nos põem para baixo. Preocupados somente com nossos interesses, não nos sensibilizamos com a fraqueza do outro, conforme alerta São Paulo na Carta aos Filipenses (Fl 2,4).

É nosso dever cristão confortar os que necessitam. Deus conforta os humildes (2Cor 7,6), e nós devemos agir da mesma forma, aperfeiçoando nossas virtudes. Mesmo estando prisioneiro, muitas vezes Paulo confortava as comunidades em suas tribulações e tristezas, sentindo-se igualmente confortado por elas (At 16,40.20,1; 2Cor 2,7; Col 2,2). O próprio Jesus, no Getsêmani, jardim no qual esteve antes de ser feito prisioneiro, passou por esses momentos (Mt 26,37ss) e foi confortado por um anjo do céu (Lc 22,43).

Coloquemo-nos, portanto, à disposição do Espírito Santo de Deus, para que Ele nos inspire e use-nos para confortar aqueles que necessitam.

5) Perdoar (Superar as ofensas de boa vontade)

O perdão é uma exigência do Evangelho e uma condição para entrar no Reino de Deus (leia mais sobre a importância de perdoar no capítulo 13). Jesus nos dá essa lição ao ensinar a oração do Pai-Nosso: "Se perdoardes aos homens as suas ofensas, vosso Pai celeste também vos perdoará. Mas se não perdoardes aos homens, tampouco vosso Pai vos perdoará" (Mt 6,14-15).

Se nós não perdoamos, impedimos que o perdão de Deus chegue até nós.

São Paulo também recomenda: "Suportai-vos uns aos outros e perdoai-vos mutuamente toda vez que tiverdes queixas contra os outros. Como o Senhor vos perdoou, assim perdoai também vós" (Col 3,13).

Pedir perdão a Deus é fácil, mas conceder o perdão aos outros, na maioria das vezes, mostra-se difícil, e acabamos agindo como o servo mau que foi perdoado no muito que devia, mas não soube perdoar seu próximo no pouco que lhe era devido (Mt 18,23-35).

Perdoar de coração deveria levar-nos a esquecer toda a injustiça sofrida, contudo nem sempre um ato de vontade pode eliminar uma lembrança, dificultando a restauração do mesmo tipo de relação que se tinha com a pessoa perdoada. No entanto, no diálogo com Pedro, Nosso Senhor Jesus Cristo ensina que devemos perdoar sempre e sem limites (Mt 18,21-22).

Por isso, para não cometermos um ato de injustiça com Deus, conosco e com nossos irmãos, devemos sempre, à luz do Espírito Santo, exercitar e aprimorar o perdão.

6) Suportar com paciência (Lidar com as fraquezas do próximo)

Para viver o Evangelho de Jesus, é preciso ser paciente. Esta obra espiritual recomenda que suportemos com paciência os que estão próximos a nós, com todas as suas limitações, fraquezas, falhas, adversidades e misérias.

Isso não quer dizer abrir mão de nosso papel de orientar, encorajar, oferecer oportunidades e servir de suporte para que essas limitações e fraquezas sejam superadas. Pelo contrário, segundo explica São Paulo: "Pedimos-vos, porém, irmãos, corrigi os desordeiros, encorajai os tímidos, amparai os fracos e tende paciência para com todos" (1Tes 5,14).

Ainda, segundo São Paulo, quando estamos fortes, devemos suportar as mazelas dos que são fracos e não agir a nosso modo. (Rm 15,1). Já São Pedro diz: "Que mérito teria alguém se suportasse pacientemente os açoites por ter praticado o mal? Ao contrário, se é por ter feito o bem que sois maltratados, e se o suportardes pacientemente, isto é coisa agradável aos olhos de Deus" (1Pd 2,20).

Ajamos, então, como discípulos de Jesus, que tomou sobre si as nossas fraquezas e carregou nossas dores (Is 53,4). Sejamos acolhedores e pacientes com todos.

7) Rogar a Deus pelos vivos e pelos mortos

Em geral, o ser humano é sempre mais preocupado com suas próprias necessidades, fazendo orações que mais parecem lista de compras ou de presentes, tamanha é a quantidade de pedidos em benefício próprio.

Esta obra de misericórdia espiritual atua justamente na contramão dessa tendência, convidando-nos a rezar pelas pessoas, incluindo aquelas que nem conhecemos, e aquelas que já faleceram, conforme recomenda a Sagrada Escritura: "Eis por que ele (Judas Macabeu) mandou oferecer esse sacrifício expiatório pelos que haviam morrido, a fim de que fossem absolvidos de seu pecado" (2Mac 12,46).

> **Na oração sacerdotal, Jesus rogou a Deus pelos Seus e por aqueles que, em todos os tempos, viriam a ser Seus discípulos, isto é, por todos nós (Jo 17).**

Desde os primeiros tempos, a Igreja honrou a memória dos defuntos e ofereceu sufrágios em seu favor, em especial o sacrifício eucarístico, para que, uma vez purificados, eles possam chegar à visão beatífica de Deus. A Igreja recomenda também as esmolas, as indulgências e as obras de penitência em favor dos defuntos (CIC 1032).

As almas merecem a lembrança e as orações dos seus, o que as ajudam a alcançar o repouso eterno, o refrigério e a luz que não se apaga. Ao socorrer com oração as almas do purgatório, praticamos a caridade em toda a sua extensão.

Rezar pelas almas é o melhor meio de salvar a nossa, pois, como nos ensinou Santo Ambrósio, "tudo o que damos por caridade às almas do purgatório converte-se em graças para nós, e, após a morte, encontramos o seu valor centuplicado".

Que as obras de misericórdia espirituais ajudem-nos a construir um mundo novo e bem melhor.

ORAÇÃO

Senhor Jesus, Deus de bondade, de misericórdia e de amor,
Que, tendo subido o monte,
Disseste aos apóstolos e a toda multidão que o seguia: "Bem-aventurados os puros de coração, porque verão a Deus" (Mt 5,3).
Quero ser bendito e bem-aventurado na vida.
Deste sinais visíveis de como devemos agir além dos preconceitos.
Bom Pastor, Jesus amado,
Que eu também seja caridoso com os caídos e sofridos.
Dá-me olhos para ver aqueles que caem,

Aqueles que, na estrada da vida, foram golpeados pelas injustiças e os que foram excluídos pelos interesses sociais.

Dá-me olhos para ver a necessidade do meu próximo.

Dá-me ouvidos atentos ao clamor dos que sofrem.

Dá-me braços dispostos a acolher aqueles que necessitam da minha ajuda.

Inspira-me o bom conselho e palavras de conforto para os angustiados.

Que, iluminado pelos Teus ensinamentos e na caridade, eu saiba instruir os que necessitam.

Que eu seja uma presença de consolo nos momentos de tribulação daqueles que estão ao meu lado.

Ensina-me a perdoar e ter paciência com as fraquezas dos meus irmãos.

Ensina-me a rezar por aqueles que já partiram deste mundo.

Dá-me, Senhor, olhos para a caridade e disposição para acolher a todos.

Amém.

13º Passo

Purificar a fé

Querendo ou não, somos bombardeados a todo momento por uma enxurrada de informações, muitas delas desencontradas, que podem nos confundir, não apenas quanto às nossas decisões humanas, mas também em nossa relação com Deus. Por isso, é muito importante purificarmos a fé, mantendo-a "limpa" das falsas verdades e dos incontáveis artifícios criados pelo Inimigo para nos ludibriar segundo seus interesses.

> **A superstição e as crendices servem apenas para quem não encontrou sua verdadeira fé.**

Sobre isso, Nosso Senhor alertou-nos, afirmando: "Muitos virão em Meu nome, dizendo: 'Sou eu o Cristo.' E seduzirão a muitos" (Mt 24,5). Jesus ainda completou pedindo que não nos deixemos levar.

Isso significa que não podemos ser católicos pela metade, da mesma forma que não adianta o Brasil ser o país mais católico do mundo se, no fim de semana, as pessoas não comungam nem se confessam.

Os equívocos são muitos e as dúvidas também. Neste capítulo, responderei àquelas manifestadas com mais frequência pelos ouvintes do programa Fé em Debate, visando ajudar na propagação de uma fé esclarecida.

É certo acender velas?

A luz sempre foi para nós, católicos, a lembrança de Jesus, luz do mundo, conforme atesta esta passagem bíblica: "Eu sou a luz do mundo, quem me segue não andará nas trevas, mas terá a luz da vida" (Jo 8,12).

A partir dessa certeza, toda a vela que se acende, seja na Igreja ou no leito de morte, reforça a presença iluminada do Nosso Senhor.

No caso dos falecidos, além de simbolizar a luz de Cristo, que desejamos que brilhe para eles, a chama da vela sobe até Deus com nossa oração, lembrando-O do nosso pedido. Por isso, a vela só tem sentido acompanhada de oração.

Há quem acredite que acender vela em casa traz má sorte, o que não tem o menor fundamento. No máximo, pode-se ponderar sobre os riscos de provocar incêndio em caso de descuido, mas isso não tem nada a ver com mau agouro. Outra contradição evidente é a facilidade com que as pessoas acendem velas para ambientar jantares românticos, mas apresentam resistência a fazer o mesmo no momento de orar.

Em síntese, podemos acender vela em casa, sim, porque a simbologia desse ato nos remete a Jesus, e porque acreditamos que Sua luz deva brilhar em nós.

Os mortos podem voltar?

Normalmente, não, e também não existem aparições nem assombrações. As pessoas que dizem ver os mortos são, em geral, vítimas de alucinações ou estão agindo de má-fé. Os espíritos não voltam, a não ser por disposição excepcional de Deus, o que é raríssimo.

Uma parábola de Jesus, na qual Abraão responde às súplicas de um cidadão rico que morrera e reclamava dos tormentos do inferno, confirma essa separação definitiva entre o mundo dos vivos e dos mortos: "Filho, lembra-te de que recebeste teus bens em vida, mas Lázaro, males; por isso ele agora aqui é consolado, mas tu estás em tormento. Além de tudo, há entre nós e vós um grande abismo, de maneira que, os que querem passar daqui para vós, não o podem, nem os de lá passar para cá" (Lc 16,19-26).

A esse respeito, o Catecismo da Igreja Católica afirma que a morte é o fim da peregrinação terrestre do homem, do tempo de graça e de misericórdia que Deus lhe oferece para realizar sua vida terrestre, segundo o projeto divino, e decidir seu destino último. Quando tiver terminado "o único curso de nossa vida terrestre", não voltaremos mais a outras vidas terrestres. "Os homens devem morrer uma só vez" (Hb 9,27). Não existe "reencarnação" depois da morte (CIC 1013).

A conclusão é que o destino eterno de cada pessoa é decidido nesta vida e não é possível que mortos voltem em outros corpos e de nenhuma outra forma.

É correto fazer simpatias?

Apesar de as orações também conterem ritos, a simpatia evoca um aspecto mágico no ato, o que é negativo, pois fere a fé no Senhor.

Já no caso das benzedeiras, vale ponderar, pois muitas apresentam, de fato, o dom da cura. Conheci senhoras do Apostolado da Oração, praticantes da comunhão diária e da confissão frequente, que, quando benziam, rezavam a oração do Creio, o Pai-Nosso e Salmos. Em sua casa, havia imagens de santos não questionáveis, como Nossa Senhora Aparecida, diferentemente daquelas encontradas em terreiros. Também não cobravam nada, apenas impunham as mãos, rezando e aspergindo a mesma água benta usada pelos padres para abençoar os fiéis.

Certamente, esse tipo de prática não fere o Senhor, diferentemente daquelas em que há cobrança de algum valor ou uso de qualquer instrumento que evoque a magia como ato de efeito automático. Isso vai contra a liberdade de Deus e a do ser humano.

O uso de incenso justifica-se?

Em se tratando do incenso usado pela tradição católica nas adorações e missas solenes, não há problema algum. Havia até mesmo um costume antigo no qual, em dia de tempestade, colocava-se com fé um ramo conhecido como palma benta — porque era abençoado no Domingo de Ramos — na brasa, de forma a exalar seu odor e proteger a casa do mau tempo. A mesma anuência não vale para os incensos, como aqueles em formato de varinha, que atendem aos preceitos de outras religiões e seitas.

Na Idade Média, o incenso era queimado à frente da passagem dos nobres para mascarar ou neutralizar o mau cheiro oriundo das latrinas e esgotos a céu aberto.

No Antigo Testamento, encontramos várias citações sobre o uso do incenso, valendo a pena ressaltar a do livro do Êxodo, em que o próprio Senhor disse a Moisés: "Toma aromas: resina, casca odorífera, gálbano, aromas e incenso puro em partes iguais. Farás com tudo isso um perfume para a incensação, composto segundo a arte do perfumista, temperado com sal, puro e santo. Depois de tê-lo reduzido a pó, pô-lo-ás diante da arca da aliança na tenda de reunião, lá onde virei ter contigo. Essa será para vós uma coisa santíssima. Não fareis para vosso uso outro perfume da mesma composição: considerá-lo-ás como uma coisa consagrada ao Senhor" (Ex 30,34-37).

Além disso, o salmista faz referência à fumaça do incenso que sobe até Deus como uma oferenda levando a oração: "Que minha oração suba até vós como a fumaça do incenso, que minhas mãos estendidas para vós sejam como a oferenda da tarde" (Sl 140,2).

No nascimento de Jesus, os magos vindos do Oriente para adorá-Lo abriram seus cofres e ofereceram ouro, incenso e mirra (Mt 2,1-12), sendo que o ouro simboliza a realeza (Jesus Cristo é

Rei dos Reis), o incenso representa a divindade (Jesus é o Filho de Deus) e a mirra remete à imortalidade (Jesus vive para sempre).

O demônio existe?

Existe uma diferença, uma hierarquia, entre Diabo e demônio. Os demônios são espíritos maus; o Diabo, ou Satanás, é o chefe deles. De fato, o evangelista Lucas refere-se aos demônios como "espíritos malignos" e "espírito imundo" (Lc 8,2.29). Já Mateus denomina Satanás como "príncipe dos demônios" (Mt 12,24) e a estes como seus anjos (Mt 25,41).

Por trás da opção de desobediência de nossos primeiros pais, Adão e Eva, há uma voz sedutora que se opõe a Deus e, por inveja, os faz cair na morte. A Escritura e a Tradição da Igreja veem nesse ser um anjo destronado, chamado Satanás ou Diabo. A Igreja ensina que, anteriormente, ele tinha sido um anjo bom, criado por Deus. De fato, o Diabo e outros demônios foram por Deus criados bons em sua natureza, mas tornaram-se maus por sua própria iniciativa.

A Escritura fala de um pecado desses anjos. Essa "queda" consiste na opção livre desses espíritos criados, que rejeitaram radical e irrevogavelmente a Deus e a Seu Reino. Temos um reflexo dessa rebelião nas palavras ditas pelo tentador a nossos primeiros pais: "E vós sereis como deuses" (Gn 3,5). O Diabo é "pecador desde o princípio" (1Jo 3,8), "pai da mentira" (Jo 8,44).

Embora a Palavra de Deus não dê informações detalhadas sobre os demônios, como cor ou fisionomia, não se pode negar a sua existência. Vale lembrar que, em cada Diocese, o Bispo nomeia um padre como exorcista oficial para cuidar de casos de possessão. Apesar de haver fenômenos raríssimos de possessão, devemos nos precaver das ações do Diabo, que contrariam os ensinamentos de Jesus e manifestam-se em nós por meio da avareza, do egoísmo, da injustiça e uma série de outras reações negativas. O Diabo também deixa sinais de sua existência por intermédio de superstições e da prática de magia e ocultismo.

É errado ler e ter em casa livros espíritas sobre reencarnação?

Eu não sou intolerante na fé, apenas acho que cada um tem de encontrar seu caminho e segui-lo com coerência. O errado é a incoerência. Ou se é cristão, ou se é espírita. Praticar os dois tipos de fé não é possível.

Nós somos a religião da ressurreição, não havendo espaço para acreditar em reencarnação. Enquanto, para os espíritas, Jesus foi o grande médium, para nós, Ele é o Filho de Deus, nosso Salvador. Respeito as demais religiões, e cada um tem o direito de fazer sua opção segundo sua própria consciência, contudo, quem é católico tem de sê-lo de fato, sem meios-termos.

O que é ecumenismo?

É o diálogo entre as confissões cristãs que têm Jesus Cristo como Deus, o que difere do chamado diálogo inter-religioso, referente às relações da Igreja Católica com grupos que não partilham desse princípio, como muçulmanos, budistas etc.

Como cita o Documento Conciliar *Unitatis Redintegratio*, é possível fazer ecumenismo, realizando-o por meio de encontros de oração, do diálogo entre teólogos e, sobretudo, da união de esforços pelas causas sociais.

O que responder às seitas que afirmam que Jesus foi um profeta?

Todos os Evangelhos e todo o Novo Testamento têm como propósito maior mostrar que Jesus é Deus.

O Evangelho segundo São João começa dizendo: "No princípio era o Verbo (Jesus) e o Verbo estava em Deus e o Verbo era Deus" (Jo 1,1ss). Com Jesus, o Verbo ou a Palavra (*Logos*, em grego) se fez carne, mas o mundo não O quis e preferiu as trevas.

Outro texto: "'Quem dizem os homens ser o Filho do Homem?' Disseram: 'Uns afirmam que é João Batista, outros que é Elias, outros, ainda, que é Jeremias ou um dos profetas.' Então, perguntou-lhes: 'E vós, quem dizeis que Eu sou?' Simão Pedro disse: 'Tu és o Cristo, o filho do Deus vivo.' Jesus respondeu-lhe: 'Bem-aventurado és tu, Simão, filho de Jonas, porque não foram carne ou sangue que te revelaram isso, e sim Meu Pai que está nos céus'" (Mt 16,13-17).

Como se vê nas entrelinhas, as perguntas e respostas dos Evangelhos afirmam que Jesus não era apenas profeta, mas sim o Filho de Deus. Contudo, seitas como Testemunhas de Jeová não aceitam o Novo Testamento, seguindo apenas o Antigo, o que inviabiliza o chamado diálogo inter-religioso.

Qual a diferença entre seita e religião?

Religião tem uma estrutura, implica fundamento doutrinário, história e interesse por questões maiores. Seita, por sua vez, segue um princípio particular, não tem tradição histórica e é fechada sobre si mesma.

Na edição do programa "Fé em Debate" que abordou esse tema, foram feitas perguntas sobre algumas seitas. E foi explicado que não é possível conciliar outras crenças com a fé cristã. A própria palavra "cristão" já diz tudo: somos seguidores de Jesus Cristo e ponto final.

Ir à cartomante é pecado?

Quem me fez esta pergunta também perguntou se essa prática resultava em "atraso de vida", pois estava viciada em "ler a sorte".

Evidentemente, ir a uma cartomante para antecipar o futuro não condiz com a fé em Jesus Cristo, sendo, portanto, um hábito que vai contra o nosso batismo. Exatamente por essa razão, isso está errado e quem o pratica deve confessar-se.

Vale lembrar que o "X" da questão não é apenas deixar de ir à cartomante porque configura "atraso de vida", mas o que importa mesmo é confiar nosso destino unicamente nas mãos de Deus.

Fazer promessa é negociar com Deus?

A princípio, não, porque na promessa se faz um ato de confiança e, ao mesmo tempo, de penitência. E uma oração confiante somada à penitência é de grande valia.

Lembremo-nos do texto em que o Senhor disse existir uma espécie de demônio, que só se pode expulsar à força de oração e jejum (Mt 17,20). É nesse contexto que entram as promessas para graças que parecem difíceis de conseguir, por isso somamos àquela intenção uma penitência ou um sacrifício.

Vale destacar que promessa implica a realização de sacrifício pessoal e não sua atribuição a outras pessoas, como fazem certos pais e mães ao impedirem os próprios filhos de fazerem coisas corriqueiras, como cortar o cabelo, em nome de uma graça obtida. Mesmo quando fazemos uma promessa na intenção de alguém, o que é perfeitamente permitido, o ideal é que o sacrifício oferecido não seja imputado a essa pessoa ou a qualquer outra, e sim ao próprio autor da promessa, pois a escolha do sacrifício é pessoal e exige a certeza da possibilidade de cumpri-lo. Nesse sentido, somente podemos responder por nós mesmos e não em nome de outrem.

Livros sobre pensamento positivo e terapias alternativas são contra a doutrina católica?

O grande problema dessas obras é que elas incentivam o egocentrismo exagerado, fazendo as pessoas acreditarem que a força de que necessitam está unicamente dentro de si e, portanto, o "eu" estaria no centro de tudo. Isso não é verdade, pois sabemos que nenhum fio de cabelo cai sem o consentimento de Deus (Mt 10,29b). A vida veio de Deus e nós existimos na medida em que estamos em Deus.

Já no caso das terapias corporais chamadas de alternativas, vale o mesmo diagnóstico feito em relação às simpatias: quando se atribui a qualquer rito uma força mágica superior que não esteja relacionada ao nosso único Salvador, Jesus, como energias cósmicas ou até da natureza, vai-se contra a fé cristã.

Não estou afirmando que essas terapias alternativas sejam ruins em si, porém a forma como são exercidas tende a gerar muita confusão.

Por exemplo, enquanto eu respondia a esta pergunta, feita por um ouvinte de Abadia dos Dourados, em Minas Gerais, recebi outra mensagem dizendo que "Jesus é o maior iogue". Novamente, recordo a indagação de Jesus: "O que dizem os homens que Eu sou?" Nessa situação específica, a resposta estava errada, assim como no caso de quem afirma que Jesus seja um iogue, médium ou qualquer outra resposta afora a de que "Jesus é o Cristo, Filho do Deus Vivo, Aquele que veio do Pai".

Exatamente para evitar equívocos desse tipo, devemos purificar a fé, o que significa aderir a Jesus, bem como à Sua manifestação e poder. Sendo assim, qualquer teoria ou atividade que fira a salvação, a divindade e o ato redentor de Jesus encontra-se em desacordo com a fé cristã.

É certo dizer que Deus está em todas as religiões?

Sim, Deus está de certa forma em todas as religiões, porque Sua essência está em todos os seres humanos, mesmo naqueles que não conheciam Deus antes de Jesus Cristo.

Na verdade, Deus é e sempre foi o mesmo, não muda. No entanto a revelação plena ocorreu por meio de Seu Filho Jesus Cristo. Por isso pode-se afirmar que Deus está em todas as religiões como semente, mas apenas no cristianismo de forma desenvolvida e plena. Ao contrário do que dizem os críticos, isso não nos faz melhores; pelo contrario, torna-nos ainda mais responsáveis, portanto, o peso é maior.

Nesse processo, nós, cristãos, também podemos crescer no conhecimento em relação a Deus. Jesus O revelou plenamente, mas quanto mais nós compreendemos as palavras do nosso Salvador, melhor é a compreensão de Deus e de Sua atuação em nossa vida, e assim, melhor podemos anunciá-Lo.

Essa é uma das principais forças motrizes do trabalho de evangelização, uma vez que ao termos conhecimento e certeza dos fundamentos de nossa fé, mais aptos estaremos a difundi-la.

Encontramos tudo em Jesus Cristo

Em síntese, não precisamos de trevo de quatro folhas, ferradura atrás da porta e todas as simpatias para passar de ano e atrair dinheiro, sorte e amor. Não precisamos disso, pois encontramos tudo em Jesus Cristo.

Faço questão de repetir em letras garrafais: **ENCONTRAMOS TUDO EM JESUS CRISTO**, única, exclusiva, impreterivelmente.

Porque somos católicos, somos universais e, por isso, abertos a tudo o que de bom encontramos nos outros. Assim ensinou São Paulo: "Tudo o que é verdadeiro, nobre, puro, amável, de boa fama, virtuoso e louvável coloca-o no vosso crédito" (Fil 4,8). E ainda: "Provai tudo e ficai com o que é bom" (1Ts 5,21). Mas de tudo o que se vê e ouve, o que é bom? Aqui temos um critério decisivo: a doutrina de Cristo. Se está de acordo com ela, é bom; se não está, não nos serve. Portanto, Cristo é nosso valor central e a medida suprema de tudo.

Jesus quis fazer-se presente especialmente na Palavra e nos sacramentos, por isso não perca seu tempo procurando respostas fora. n'Ele está tudo o que precisamos para nossa vida. Tudo!

ORAÇÃO

Senhor Jesus, Deus de infinita bondade, misericórdia e amor,

Neste momento em que busco a experiência de um Deus verdadeiro, purifica a minha fé.

Purifica todas as imperfeições da minha crença.

Purifica, no fogo do Teu Espírito, tudo aquilo que vai se somando à minha espiritualidade, mas a torna imperfeita.

Purifica as superstições e o ocultismo.

Purifica a tentação que tenho de dobrar meus joelhos aos ídolos.

Jesus, caminho, verdade e vida,

Muitas vezes, num momento de desespero, numa ânsia desenfreada de buscar respostas às minhas dores,

Perco-me e meu coração acaba voltando-se para outros altares.

Reconduze-me, Senhor.

Ajuda-me a buscar, na Tua misericórdia, todas as graças de que necessito.

Manda Teu Espírito sobre mim!

Espírito Santo, fonte de vida, de toda unção, graças e dons.

Espírito Santo, fonte de amor do Pai e do Filho,

Inspira-me, sempre e a toda hora, palavras e atitudes.

Inspira-me o que fazer e como fazer.

Espírito Santo, com um raio de Tua luz,

Toca no meu coração e revigora-me na fé, santifica-me no amor, unge-me na esperança.

Espírito Santo, força que me entusiasma, luz que me ilumina,

Vem resgatar aquilo que a vida levou à desilusão.

Vem trazer paz para meu coração e repousar sobre mim.

Amém.

14º Passo

Perdoar sempre

"Deus amou de tal forma o mundo que lhe deu Seu Filho único para que todo o que n'Ele crer não pereça, mas tenha a vida eterna" (Jo 3,16). Nós amamos porque Deus nos amou primeiro (1Jo 4,19). Somos constantemente perdoados por Deus, que nos amou primeiro. E, porque somos perdoados e amados por Deus, devemos também perdoar.

A experiência do perdão pela confissão dos pecados

Quem já fez a experiência do amor de Deus compreende verdadeiramente a necessidade de receber o Seu perdão, no Sacramento da Confissão, por meio do sacerdote que age em nome de Deus e da Igreja.

Nosso Senhor Jesus Cristo, sabendo de nossas fraquezas, instituiu o Sacramento da Confissão, como ensina São João: "Soprando sobre eles dizendo-lhes: Recebei o Espírito Santo. Àqueles a quem perdoardes os pecados, ser-lhes-ão perdoados; àqueles a quem os retiverdes, ser-lhes-ão retidos" (Jo 20,22b-23).

Todas as vezes que recorremos a esse sacramento, de coração contrito, somos tocados por um amor que cura. Somos completamente perdoados, não porque mereçamos, mas porque Jesus já pagou nossa dívida, entregando-Se por nós.

O pecado tira-nos de nosso verdadeiro lugar, o coração de Deus, e a confissão traz-nos de volta ao coração misericordioso do Pai. Ele não nos pergunta onde andamos, mas nos acolhe como um filho pródigo: "Levantou-se, pois, e foi ter com seu pai. Estava ainda longe, quando seu pai o viu e, movido de compaixão, correu-lhe ao encontro, lançou-se-lhe ao pescoço e o beijou" (Lc 15,20).

A Igreja como mãe e mestra ensina que a confissão pode ser por contrição, que consiste em pedir o perdão dos pecados por amor a Deus; ou por atrição, que consiste em pedir o perdão dos pecados por medo do castigo e do inferno.

Para fazer uma confissão adequada, são necessárias, pelo menos, cinco condições:

- Fazer um exame de consciência, que consiste em lembrar os pecados mortais cometidos desde a última confissão.
- Estar sinceramente arrependido por ter ofendido a Deus e ao próximo.
- Ter o firme propósito de não cometer mais o erro, confiando no auxílio de graça de Deus.
- Confessar objetivamente os próprios pecados e não os dos outros.
- Cumprir a penitência que o confessor indicar.

O pecado pode ser mortal ou venial. Para que seja caracterizado pecado mortal é necessário:

- Conhecimento perfeito (estar bem ciente, saber que o ato a ser praticado é pecado);

- Consentimento pleno (ter tempo para refletir e, mesmo assim, cometer o pecado por livre e espontânea vontade);

- Matéria grave (praticar ato que caracterize grande ofensa aos mandamentos de Deus e da Igreja).

Quando falta um só adjetivo a esses 3 requisitos, é pecado venial ou leve. Embora desejemos fazer o bem, nossa fraqueza humana leva-nos a cometer frequentemente maus atos. O apóstolo Paulo, com muita propriedade, assim se referiu a isso: "Eu sei que em mim, isto é, na minha carne, não habita o bem, porque querer o bem está em mim, mas não sou capaz de efetuá-lo. Não faço o bem que quereria, mas o mal que não quero. Ora, se faço o que não quero, já não sou eu que faço, mas sim o pecado que em mim habita" (Rm 7,18-20).

Admitir um erro não é humilhação. Quando temos a coragem de pedir perdão, abrindo nosso coração a um confessor, por amor a Deus que nos amou primeiro, experimentamos a Sua misericórdia, e este sinal eficaz da graça santificante faz brotar em nós a alegria e a paz.

A experiência do perdão concedido

Novamente, concluímos que seria impossível amar a Deus e ao próximo se Seu amor não tivesse sido derramado em nossos corações, ou seja, se Deus não tivesse nos amado primeiro.

Sustentados no amor de Deus, podemos perdoar aqueles que nos ofenderam, feriram, agrediram e humilharam.

"Se cada um não perdoar seu irmão, o Pai não vos perdoará" (Mt 6,14-15). É claro que não é fácil perdoar; se fosse, não teríamos mérito algum. Por nossas próprias forças não conseguimos perdoar; podemos não desejar o mal ou pensar em vingança contra quem nos ofendeu. Contudo, para conseguir perdoar, além de querer perdoar, necessitamos da graça de Deus e da ajuda do Espírito Santo.

O perdão ao próximo deve ser ilimitado. Jesus ensinou que devemos perdoar sempre e contou uma parábola de um empregado cuja dívida de dez mil talentos* fora perdoada pelo patrão. Entretanto, o mesmo empregado não foi capaz de perdoar um de seus companheiros que lhe devia apenas cem denários. Então, o patrão entregou aquele servo mau aos algozes até que pagasse toda a dívida. E, finalizando a parábola, Jesus avisa: "Assim vos tratará Meu Pai celeste, se cada um de vós não perdoar a seu irmão, de todo seu coração" (Mt 18,22-35).

Perdoar não é sinal de fraqueza. Pelo contrário, é sinal de muita força, reconhecimento e profunda gratidão pelo sacrifício de Jesus, para que pudéssemos ser perdoados e voltar a Deus. Reforçando esse ensinamento, Paulo escreveu aos Efésios: "Sede uns para com os outros benignos, compassivos, perdoando-vos uns aos outros, como também Deus, em Cristo, vos perdoou" (Ef 4,32).

O perdão concedido sob o impulso do Espírito Santo liberta-nos tanto quanto liberta aquele a quem perdoamos. Mas, se agi-

* Talento era o nome de uma moeda do tempo de Jesus, muito valiosa.

mos por nós mesmos e não pela força de Deus, não conseguimos viver o perdão.

Quantos de nós já fizemos a experiência desagradável de nos conscientizar do pecado, arrepender, confessar, fazer a penitência, mas não encontramos a paz? Aquilo parece que não fica resolvido dentro de nós...

Se voltarmos em nossa história, as lembranças doloridas de uma infância infeliz, os registros negativos, os traumas pelos fatos que nos marcaram no passado provavelmente ainda nos atrapalham no presente. Cito como exemplo um casal que se amava, mas não conseguia ser feliz, porque a mulher carregava uma memória dolorosa da infância em que o pai alcoolista, ao chegar em casa, espancava a esposa e os filhos. Ela acabou assimilando que tudo que vinha dos homens era ruim. Amava o marido, mas estava presa ao passado.

Com frequência, ouvimos que o tempo cura tudo, mas, na verdade, é o perdão quem cura quando concedido na presença do Senhor. Ou seja, o perdão cura quando, sob a ação do Espírito Santo, temos coragem de voltar ao passado, trazemos à tona aquele segredo escondido a sete chaves — motivo de nossa vergonha ou repulsa — e pedimos que Deus cure nossa ferida, ajudando-nos a nos libertar para sermos felizes no presente.

Uma ferida somente pode cicatrizar se, lá atrás, na presença de Deus, nós perdoamos.

Perdoar a si mesmo é o maior desafio

Perdoar é seguir o ensinamento de Jesus. Muitos acreditam segui-lo à risca, tendo uma atitude complacente com pessoas e situações diferentes ao longo da vida. Sentem-se lesados por este ou aquele gesto, mas conseguem relevar e tocar em frente.

Mas e quando a falha vem de onde menos esperamos: nós mesmos. O que fazer para conseguir perdoar?

Ao indagar Jesus sobre quantas vezes devemos perdoar e receber como resposta "devemos perdoar sempre", mal imaginava Pedro que isso se aplicava extamente ao seu caso. Ele teve de se perdoar sempre, pois negou Jesus por três vezes. Não é à toa que Nosso Senhor chegou a interpelá-lo três vezes com a mesma pergunta — "Pedro, tu me amas?" —, mostrando a importância de assimilar verdadeiramente o perdão divino a si mesmo.

Seu sentimento de arrependimento era tão forte que ele não se achava mais digno. Pedro, a "pedra" em que o Senhor edificaria a Igreja, o companheiro em quem o Senhor tanto confiou e, no entanto, no momento em que mais precisou, na hora em que seria entregue para a crucificação, negou-O. O remorso desse ato fez com que ele quase desanimasse.

Conosco também é assim. Não nos sentimos merecedores da graça de Deus. Muitas vezes, eu, como padre, experimento essa sensação de autocrítica intensa. Deus me chamou para ser sacerdote, segundo a ordem de Melquisedec. Deus me chamou para tocar no pão e, pela graça do Espírito Santo, transformá-lo em carne de Cristo. Minhas mãos foram ungidas, mas eu sou tão pecador... Às vezes, tenho esse sentimento no altar. Um sentimento de pequenez, de sentir-me o pior dos seres humanos diante desse mistério.

Na celebração, rezamos: "Eu não sou digno, Senhor, de que entreis em minha morada, mas dizei uma palavra e eu serei salvo." Muitos me perguntam: "Qual é essa palavra que nunca se fala, padre?" Ao que eu respondo sem titubear: perdão. Assim, a frase dita durante a celebração certamente poderia ser substituída por: "Eu te perdoo e sereis salvo."

Se soubéssemos o remédio, o bálsamo, o unguento que é o perdão, livraríamos o corpo, a mente e a alma de muitos males que são causados justamente pela falta da cura de Deus em nós.

Além de doenças físicas, como diabetes, leucemia, úlcera, pressão alta e dores de cabeça, todas elas comprovadamente relacionadas a problemas de ordem emocional e espiritual, a falta de perdão gera a doença do relacionamento, manifestada, por exemplo, por quem prefere a companhia de animais de estimação a outras pessoas ou mantém contato apenas com "amigos virtuais", evitando a convivência real.

A falta da cura e do perdão também pode gerar transtornos psíquicos como fobias e até depressão, pois tira a nossa alegria. Pedro, por exemplo, perdera a alegria e a vontade de ser "pescador de homens". Quando encontramos pessoas que são muito sensíveis, inseguras (qualquer crítica as desmonta) e não perseveram em nada, é porque há muitos momentos de sua vida que não foram curados no amor, na misericórdia e no perdão de Deus, levando-as a desistir de sua própria missão.

Por outro lado, quanto mais fazemos a experiência de Deus, do Seu amor e do Seu perdão, menos autocríticos, agressivos e vingativos nos tornamos. Portanto, o primeiro passo para mudar nossa situação é ampliar a presença de Deus em nós.

Não sinta vergonha de ser um pecador

A falta do perdão provoca em nós um desequilíbrio de tal ordem que chegamos a nos esconder de Deus. A Bíblia mostra isso ao relatar que todas as tardes Deus passeava com Adão, pelo jardim do Éden. Mas, um dia, Adão pecou, e quando Deus o procurou para passear, não o encontrou mais, porque Adão estava escondido (Gn 3,8-10).

Esse ato de "esconder-se de Deus", em nossa vida, é identificado quando, por exemplo, paramos de confessar e comungar. Mais adiante, paramos de rezar por nos acharmos pecadores e, portanto, não merecedores da graça. Em nossa visão, somos tão infiéis, que não acreditamos ser possível Deus nos atender e vir em nosso auxílio.

> A falta de perdão nos leva a desconfiar de Deus, a duvidar da Sua misericórdia. Essa desconfiança é um campo abertíssimo para o Inimigo agir e fazer uma série de estragos em nossa vida.

Contudo, Deus quer exatemente o oposto disso. Ele nos chama para sair desse esconderijo; do poço de mágoas em que estamos mergulhados; da infância repleta de rejeições e humilhações que usamos para justificar nossos erros; do sentimento de autopiedade com o qual alimentamos nossas frustrações; do casamento que acreditamos ser a fonte de nossa infelicidade, quando é a infelicidade que estraga o casamento.

Deus nos chama a colocar nossa vida no "espelho da verdade". E como é difícil olharmos nossas imperfeições!

Mas aqui está o segredo da ação de Deus que nos liberta: não precisamos ter vergonha de Deus quando nos descobrimos limitados, pecadores. Deus sabe quem somos e nos ama por inteiro. Deus é misericórdia. Deus é nosso Pai.

Cure-se na presença do Senhor

Deus deseja transformar nosso coração de pedra, como diz a profecia de Ezequiel: "Tirarei vosso coração de pedra e colocarei um coração de carne. Eu vos tomarei entre todas as nações, eu vos purificarei de todas as impurezas e de todos os ídolos. Dar-vos-ei um coração novo. Incutirei um Espírito novo dentro de vós. Removerei o vosso coração de pedra e vos darei um coração de carne" (Ez 36,24ss).

Por isso, um cristão não pode dar vazão ao ódio. Uma coisa é sentir e outra bem diferente é consentir. Podemos sentir raiva, mas não podemos consentir que a raiva se instale em nós. Entre o sentir e o consentir, existe o humano e o pecador. Sentir é humano, consentir o sentimento ruim é pecado, e todo pecado provoca ferida.

A cura ocorre na proporção da profundidade de nossas feridas, e às vezes não é num só momento de oração que a conseguiremos. O próprio Cristo, no Horto das Oliveiras, precisou repetir muitas vezes: "Faça-se a Tua vontade não a minha." Pedro precisou repetir três vezes para confessar seu amor a Cristo. Talvez precisemos trazer a mesma situação à luz de Deus e colocá-la muitas vezes em oração para conseguirmos perdoar.

Em Deus, o perdão ocorre e as feridas cicatrizam.

"Livres do pecado, serviremos sem temor em santidade na presença do Senhor todos os dias da nossa vida" (Lc 1,74-75).

Muitos casamentos estão acabando, porque os casais não passaram pelo perdão. Muitas famílias estão desestruturadas, com seus integrantes utilizando medicamentos psicotrópicos e, se não tomarem o remédio do perdão, chegarão à degeneração total.

Qualquer falta de perdão é um "laço", um "cabo de aço" ou uma "linha de costura" que nos prende. Temos de cortar isso, senão não voaremos, não seremos livres, não poderemos caminhar para a santidade.

O Catecismo da Igreja Católica tem um texto fantástico que diz: "Na família se exerce de modo privilegiado o sacerdócio batismal do pai, da mãe e dos filhos na recepção dos sacramentos, na oração, na ação de graças, no testemunho de uma vida santa. O lar é a primeira escola de vida cristã, de enriquecimento humano e de perdão. Que todos na família busquem o perdão. Um perdão mútuo das ofensas, das rixas, das injúrias. E tenham muita afeição uns pelos outros" (CIC 1657).

O primeiro movimento, a primeira atitude de quem se coloca em oração deve ser a súplica pelo perdão, colocando sua história na presença de Deus. Não brinquemos com a nossa história, somos muito valiosos para Deus e não teremos outra chance. Não teremos como voltar em outra vida, reencarnar e consertar nossa história, portanto, para nós é agora. Temos de pedir perdão enquanto não conseguirmos uma memória de cura.

E como ter uma memória curada? Como saber se temos um passado curado em Deus? Quando nos vem a lembrança do fato, a evocação do passado e não sentimos nada no presente relacionado a dor, angústia, vergonha ou medo.

Se nos lembramos de fatos ocorridos em nossa infância e isso trouxer alguma sensação de mal-estar ou detalhes incômodos como odores, sons, palavras duras, não estamos curados de fato. Claro que a memória do passado nunca se apaga completamente, e nem Deus pede que a apaguemos, mas, para nos apropriarmos verdadeiramente do perdão de Deus, temos de nos libertar do que nos prende àqueles momentos, fazendo deles apenas mais uma experiência fortalecedora para continuarmos a lutar.

No processo de libertação, quando Deus se manifesta, já vi pessoas sentirem até ânsia de vômito e formigamento pelo corpo.

Outros dizem sentir um perfume de rosas e são tomados pela serenidade. Esses são sinais do movimento de Deus, da memória curada em Deus, da história refeita em Deus.

> **Os sentimentos são serenos e a dor desaparece quando se mergulha na misericórdia, no perdão de Deus.**

Quando machucamos uma parte do corpo e descuidamos da ferida, ela infecciona. Da mesma forma, o descuido de nossas feridas, o perdão que não se busca e não se dá, infecciona. É como um vírus cibernético instalado no computador que se esconde e contamina todo o disco rígido. Nós temos um vírus chamado mágoa e ele também vai ao "disco rígido" do nosso coração. E o que era para ser o sinal da aliança com Deus, torna-se um lugar onde o mal se instala.

No Evangelho de São Mateus, Jesus nos ensina a amar uns aos outros e também a amar nossos inimigos. Mas Ele não termina por aí e pede para que rezemos pelos inimigos (Mt 5,44-56). Não se trata de apenas dizer: "Eu te desculpo, vai em paz, vamos colocar uma pedra em cima e não mais tocar nesse assunto." Nosso Senhor não quer desculpas, Nosso Senhor quer a cura. Quer que digamos a quem nos magoa: "Eu desculpo, eu perdoo, e eu rezo por você, para que tenha a benção de Deus e seja feliz."

Rezar pelos inimigos, falar bem de quem nos calunia faz a cura acontecer. Esse é o desafio do cristão. E quando a cura e a libertação realmente ocorrem, Deus confirma mandando Seu sinal por meio de algo muito bom que acontece em nossa vida.

Em sua primeira carta, São João afirma: "Quem diz que está na luz e odeia o irmão ainda está nas trevas; quem ama seu irmão está na luz e não é pedra de tropeço" (1Jo 2,9).

Peçamos, então, a graça do perdão a Jesus, que é fonte de misericórdia. Ele pode, Ele quer tocar em nós. Lembremos quantas vidas Ele tocou, como a da samaritana, Maria Madalena, Zaqueu, e muitas outras. Jesus tocou, perdoou e restaurou.

Façamos um exame de consciência, rastreando quais os pecados que Deus nos mostra e peçamos perdão, rezando ao Senhor.

ORAÇÃO

Senhor, permito que trabalhes em mim.
Coloco-me como barro em Tuas mãos.
Permito, Senhor, que mexas em mim.
Aceito a presença do Teu Espírito Santo.
Dá-me, Senhor, a clareza das minhas feridas.
Dá-me, Senhor, a clareza das minhas amarguras.
Creio que vieste trazer vida em plenitude,
Dá-me esta vida.

Reconstrói-me, Senhor, refaz-me no Teu amor.
Aceito ser trabalhado.
Aceito passar por essa transformação.
Quero, Senhor, sobre mim o Teu perdão.
Aceito esse bálsamo que cura.
Quero este bálsamo que vai cicatrizar minhas feridas.
Hoje, Senhor, apropriar-me-ei da graça do perdão.
Hoje, Senhor, com a Tua graça, eu quero perdoar.
Perdoo aqueles que me feriram.
Sim, Senhor, porque me amaste primeiro, eu posso perdoar!
Hoje, Senhor, quero me libertar das mágoas.
Hoje, Senhor, quero buscar a felicidade.
Quero, preciso e, com a Tua graça, Senhor, conseguirei.
Amém.

15º Passo

Trabalhar pela cura interior

Na Bíblia, as curas operadas por Jesus, como a do leproso e a da filha da mulher cananeia, entre outras, não significam apenas o cessar de uma enfermidade, mas também uma antecipação da plenitude que um dia viveremos no Reino dos Céus, totalmente "curados" no Senhor.

O Seu bálsamo, a Sua unção que nos fará sem doenças, amarguras, ansiedades ou frustrações já chegou! É isso que Jesus quis mostrar aos curados e a todos nós por meio de Suas intervenções. E, quando Ele pagou nossas dívidas na cruz, Sua missão se completou, mostrando-nos que, muito mais do que nos entregar a fórmula para nos livrar do incômodo das doenças físicas, Ele estava nos entregando o fruto da cura interior.

No entanto, muitos podem perguntar: "Mas, padre, cadê a cura? Onde ela está?"

Você já deve ter percebido que quando falo de cura interior não me refiro aos processos infecciosos ou degenerativos internos, como câncer. Desses, obviamente Deus pode curar-nos de forma imediata por meio do que chamamos de milagre — Ele tem poder para isso, pois é Todo-Poderoso — e também por meio da medicina e dos avanços cada vez maiores da ciência. Na verdade, a cura interior remete a algo muito mais profundo, santificante e salvador que depende de nossa responsabilidade: sim, somos objetos dela, posto que nos beneficia, mas, antes de tudo, somos seus agentes.

O principal requisito para a cura interior é internalizar no coração a seguinte certeza: "Eu creio que Cristo pode fazer algo por mim" ou "Eu creio que o Senhor pode me transformar e reafirmar em mim o amor de Deus". Ninguém consegue seguir num processo de cura interior se realmente não acreditar que é amado por Deus, ainda que se tenha transformado no mais odioso dos seres humanos.

Deus é Pai e, como Pai, ama a todos.

> **Quando falamos de cura interior, estamos falando de salvação, reencontro da paz e, portanto, conquista da felicidade.**

Preencha seu interior com a presença amorosa de Deus

Para alcançar a cura interior, é fundamental exercitarmos a percepção do amor de Deus. Nesse sentido, vale muito a pena refletir sobre a parábola do pai misericordioso (Lc 15,11-32), e rezar o Salmo 22. O objetivo não é repetir fórmulas, mas ter claro que, apesar de muitas vezes errarmos, falharmos e seguirmos um caminho diferente do que Deus planejava para nós, ainda assim continuamos sendo amados por Ele.

> **Se não tivermos a noção do amor de Deus, jamais progrediremos.**

Ao perceber, em nossa história, como Deus nos preservou mesmo sem sermos merecedores, chegando a permitir que Seu próprio Filho fosse sacrificado, seremos obrigados a resgatar a imagem que temos de nós mesmos como filhos amados de Deus e lutar contra a imagem negativa formada por crenças pessimistas como "eu não consigo", "eu não sou nada", entre outras, que só nos colocam para baixo e prejudicam o amadurecimento.

Somos importantes para Deus e, nesse contexto, podemos ser aquela moeda de prata perdida que a mulher procura incessantemente até encontrar, conforme descreve Jesus na parábola da dracma perdida. Quando a encontra, reúne as amigas e vizinhas, e diz: "Alegrai-vos comigo! Encontrei a moeda que tinha perdido" (Lc 15,8-9).

Certamente, Deus se alegrará se nos tornarmos aquilo que Ele planejou para nós. Podemos ser aquela "ovelha perdida", mas somos fundamentais no rebanho de Deus.

Reconstrua-se e reprograme-se

Ninguém nasce ruim, assim como ninguem é amargo por natureza. Somos o que somos a partir daquilo que fizemos a nós mesmos ou permitimos que alguém fizesse. Mas sempre é tempo de recomeçar, conforme Jesus advertiu Nicodemos: "Você tem de nascer de novo." Nicodemos não entendeu, pensando ser muito velho para voltar ao ventre da mãe (Jo 3,7-9). Isso que vale para o novo nascimento pelo batismo vale também para a cura interior.

Para renascermos ou reconstruirmos nosso próprio ser, temos de nos livrar do negativo, retirando do nosso vocabulário expressões como "não posso", "não consigo", e buscar o que temos de positivo. Trata-se de um exercício de autoestima impulsionado pela fé no amor de Deus.

Não é tão fácil quanto parece, afinal o mundo é um lugar hostil e vivemos cercados por pessoas que raramente estão torcendo por nós. Sabe aquelas "alfinetadas" nada amistosas, do tipo "cresça, mas, por favor, não me faça sombra" ou "seja feliz, mas não mais do que eu"?

Pois é, vivemos uma competição muito grande e Nosso Senhor alertou sobre isso: "Cuidado com os homens" (Mt 10,17). No entanto, não podemos desistir e temos de encontrar forças naquilo que buscamos. Há uma frase de São Paulo muito apropriada para essa situação: "Tudo posso n'Aquele que me fortalece" (Fl 4,13).

Uma vez reconstruídos, é o momento de nos reprogramar para continuar crescendo. Querer algo de Deus e assumir isso é o grande condutor desta nova fase: "Eu quero, Senhor, eu preciso, eu busco." Conforme podemos observar no Evagelho, cabe a nós clamar com toda a confiança: "Jesus, se quiseres, podes limpar--me" (Mc 1,40-45); "Senhor, se queres, podes curar-me" (Mt 8,1-4); "Senhor, eu não sou digno que entres na minha casa, mas basta dizeres uma palavra e meu servo será curado" (Mt 8,5-8).

Deus é o "mais", nós somos o "menos". E é a ação do "mais" no "menos" que nos fará crescer.

Ou seja, é preciso querer reprogramar-se, repensar sua história e decidir: "Não! Eu não posso viver assim. Eu não mereço isso."

Vença seu maior adversário: você

Como um pai que educa o filho, Deus corrige, repreende e poda. Ao nos colocarmos em Suas mãos e pedirmos para ser trabalhados por Ele, temos de estar cientes de que Ele nos ama enquanto Pai misericordioso e só quer nossa felicidade. Sendo assim, os sofrimentos que surjam porventura não são castigos de vinganças, enviados por Deus, mas provações permitidas por Ele para corrigir nossa dureza de coração e desejos equivocados. Na

Bíblia temos vários exemplos de "castigos" de Deus — é inegável! Mas não são para vingança, são para correção e conversão.

A princípio, nenhuma correção provoca sentimento de alegria, porém, depois de assimilada, gera em nós sentimento de paz e justiça. Isso está explícito na Carta aos Hebreus: "Já esquecestes as palavras de encorajamento que vos foram dirigidas como a filhos: 'Meu filho, não desprezes a educação do Senhor, não te desanimes quando Ele te repreende, pois o Senhor corrige a quem Ele ama e castiga a quem aceita como filho.' É para a vossa educação que sofreis, e é como filhos que Deus vos trata. Pois qual é o filho a quem o pai não corrige? No momento mesmo, nenhuma correção parece alegrar, mas causa dor. Depois, porém, produz um fruto de paz e de justiça para aqueles que nela foram exercitados" (Hb 12,5-7.11).

No processo da cura interior, o sofrimento e a provação educam, purificam e amadurecem.

É necessário entendermos a diferença entre provação e tentação. A primeira é exercício de disciplina e correção para aperfeiçoamento da fé. Quase sempre vem pelo sofrimento (1Pe 2,20), podendo servir como uma correção de Deus. Quanto à tentação, é o impulso inicial que a pessoa sente para cometer pecados, embora não chegue a pecar concretamente.

Como diz São Tiago: "Ninguém que caia numa tentação pode dizer: 'Fui levado por Deus à tentação', pois Deus não pode ser tentado a fazer o mal, e Ele mesmo não leva ninguém à tentação" (Tg 1,13). A tentação sempre vem do Inimigo e, embora Deus permita que ocorra, Ele nos dá as ferramentas — a graça e os dons do Espírito Santo, com os sacramentos da Igreja — para vencê-la.

Parece contraditório dizer que Deus permite sermos tentados, porque nos ama, mas é verdade. Se Ele não permitisse que fôssemos tentados, estaria ferindo nosso livre-arbítrio. Em vez disso, Ele nos dá total liberdade de amá-Lo ou não, de sermos fiéis a Ele ou nos deixarmos envolver pelas seduções de Satanás. O alvo é sempre Deus, mas o Diabo sabe que, para atingi-Lo, tem de atingir, primeiro, o objeto do amor de Deus, que somos nós. E é vencendo a tentação que provamos e declaramos nosso amor e fidelidade a Ele. Nesse sentido, a tentação leva-nos à maturidade do amor filial a Deus, que é importantíssimo para a cura interior.

O próprio Jesus teve de enfrentar e vencer Satanás, tendo sido conduzido à tentação e sofrido para ajudar-nos (Hb 2,18).

Se atentarmos para a figura de Jó nas Sagradas Escrituras, constataremos seu grande exemplo de perseverança e amor a Deus. Jó foi ao mesmo tempo provado e tentado: ter tudo e renegar Deus ou perder tudo e permanecer fiel ao amor a Deus.

Na verdade, a disputa não era entre Jó e Deus, e sim entre Satanás e Deus. Como sempre, movido pela inveja, o Inimigo propôs a Deus tentar Jó, tirando-lhe seus bens, sua saúde e sua família, com a certeza de que Jó se revoltaria contra Deus. Deus permitiu e deixou Jó livre para optar. Ele, por sua vez, louvou o Nome do Senhor mesmo tendo perdido tudo. A vitória foi do amor, mas essa vitória só foi possível pela proximidade que Jó tinha com Deus.

A cura interior também pode ser chamada de cura de Deus, uma vez que não nos curamos sozinhos e necessitamos de Sua intervenção para que ela ocorra completamente. No entanto, há algo que depende também de nós: é a "parte que nos cabe" no domínio de nossas paixões e nossos medos, justamente aquilo que nos afasta de Deus.

Joseph Ratzinger — o Papa Bento XVI —, no seu livro *Jesus de Nazaré*, afirma que se existe algo que deveríamos pedir a Deus é: "Senhor, não te afastes muito de mim. Eu sei que preciso de provações para que eu seja puro e curado. Se Tu sobre mim dispuseres a provação, por favor, não te afastes de mim. Não puxes para demasiadamente longe a Tua mão protetora. Se eu tiver que passar pela provação para mostrar meu amor a Ti, por favor, Senhor, não desvies um minuto Teu olhar de mim, porque eu não sei se vou suportar a Tua ausência e tenho medo, Senhor, medo de que na hora da tentação a natureza em mim seja mais forte e o pecado em mim se manifeste. Então, Senhor, eu Te peço: mesmo na minha hora da tentação esteja comigo, então eu terei a certeza de que ela passará rápido."

Segundo o Papa Bento XVI, "quando nós alcançamos a proteção pedindo contra o mal, então estamos protegidos contra tudo que o demônio pode realizar".

Esse alerta feito pelo Papa é muito valioso, pois, durante a cura interior — mesmo após passar pelas etapas de reconstrução e reprogramação —, é comum brotar em nós um sentimento de insatisfação ou frustração. Nessa fase, embora operante, Deus fica silencioso e corremos o risco de titubear. É como aquele sentimento de aridez espiritual descrito no 10º passo (Superar as Crises da Alma): se não tivermos muita clareza a respeito do amor de Deus, é neste momento que nos revoltamos e abandonamos a obra, não deixando que Deus a conclua. Com isso, tornamo-nos o que eu chamo de "obra inacabada". É a fase mais dolorosa e difícil.

Como já contei, os santos também passaram por esse tipo de provação. Antes de chegar à santidade, Santo Agostinho precisou ser "desmontado e reconstruído". Sobre isso, ele disse: "O mundo combate contra os soldados de Cristo com duas armas e táticas diferentes. Uma arma é a sedução, e a tática é criar angústia. A segunda arma é colocar no coração humano o medo, e a tática é semear desânimo."

Sim, esse é o momento em que o Inimigo mais se manifesta, incutindo sentimentos pessimistas, porque ele sabe que Deus está agindo. Como se caminhássemos sobre um fio de navalha, é a hora em que nós estamos mais próximos de Deus e do Inimigo, da luz e das sombras ao mesmo tempo. Estamos no crepúsculo e o que vem depois é uma madrugada maravilhosa, só que basta um descuido para botarmos tudo a perder.

Sobre a fase de "penumbra da cura", Santa Teresinha do Menino Jesus afirma: "Junto ao coração de Jesus é onde eu encontro forças para não me apavorar e temer o alvorecer de minha alma."

Essa declaração mostra claramente que, para não se perder nesse período de incerteza, ela apegou-se ao coração de Jesus. Já Santa Teresa de Ávila, nossa grande e vigorosa lutadora, foi categórica ao dizer que, se não enfrentarmos o medo da morte e da doença, nunca faremos coisa alguma, nada de novo nos acontecerá.

Enfrentar, vencer o medo das limitações e do que somos, eis o grande desafio desta fase da cura interior.

Enfim, seja paciente

A cura interior nunca estará completa em nós enquanto não ressuscitarmos plenamente em Deus. É um processo lento, gradativo, de altos e baixos, quedas e reincidências. Portanto, a última etapa é aprender a exercitar a virtude da paciência, que não tem nada a ver com preguiça, acomodação ou cruzar os braços e apenas deixar que "seja feita a vontade de Deus". Paciência é vigilância trabalhosa. Segundo os santos, ter paciência significa esperar fazendo, confiar executando.

> **Paciência não é pensar "não há o que fazer", e sim fazer o nosso possível.**

Ter paciência também implica reconhecer que somos frágeis e que, por mais que queiramos, não conseguiremos chegar àquilo que queremos ser, pois a natureza humana decaída é o limite dos filhos de Deus. Um dia O veremos face a face e seremos como Ele quer que sejamos.

Por que Deus permite isso?

Para não cairmos na vanglória e não nos esquecermos de que necessitamos do Seu amor.

ORAÇÃO DE EXERCÍCIO DA CURA INTERIOR

Senhor, eu me coloco em Tua presença.

Eu creio no Teu poder e sei que podes me libertar.

Eu clamo pelo Teu poder e pela Tua misericórdia, Jesus, sobre toda a minha vida, minhas frustrações, meus traumas, minhas emoções e decepções.

Eu clamo pelo Teu poder na minha história.

Cura-me, liberta-me, Senhor.

Senhor Jesus, cura-me da revolta contra Deus pelo Seu silêncio,

Pelas vezes em que eu me perguntei onde estavas enquanto meu mundo caía, quando a enfermidade se instalava.

Senhor Jesus, cura-me da revolta contra Ti, pelas coisas erradas que acontecem ao meu redor.

E Te culpei, Jesus, pela minha infelicidade, por não ter encontrado meu caminho.

Cura-me da dúvida em Tua providência.

Cura-me da desconfiança, pelas vezes que não Te reconheci presente comigo.

Ajuda-me a compreender que o que aconteceu na minha vida não foi tanto Teu castigo quanto as minhas opções erradas.

O que aconteceu foi, muitas vezes, em decorrência dos meus erros ou dos de meus antepassados, e sofro até hoje as consequências.

Senhor, vem comigo até o momento em que fui concebido.

Em pensamento e na Tua presença, podemos ir até esse momento.

Senhor, se meu pai e minha mãe, por um momento, não me desejaram,

Cura-me do sentimento de rejeição.

Senhor Jesus, toma-me pelas mãos e cura-me de todos os desafetos enquanto eu estava no útero de minha mãe.

Se os meses de minha gestação foram conturbados,

Cura-me.

Vai comigo, Senhor, eu preciso da Tua presença, eu preciso da Tua ajuda.

Volta comigo, Senhor, no momento do meu nascimento

E se, por acaso, houver ferida em mim, revele.

Se quando eu nasci não ficaram felizes porque eu não era o menino ou a menina que esperavam,

Se eu nasci e senti que olharam para mim como mais uma boca a ser sustentada,

Cura-me, Senhor, desse sentimento de exclusão.

Acompanha-me, Senhor.

Restaura a minha vida no momento de minha infância.

Se na minha infância passei medo, fome,

Se em algum momento da minha infância eu esperava um abraço de meu pai, de minha mãe, e não recebi,

Se na minha infância eu queria colo, carinho, e não ganhei,

Cura-me.

Trago agora, na Tua presença, aquela lembrança que não esqueço,

Aquele momento em que, na frente de todos, passei vergonha.

Senhor, liberta-me da mágoa que sinto ao lembrar de quando fui humilhado(a) e não fui amado(a).

Cura-me, Senhor, da sensação de ausência de carinho, fome, frio, abandono.

Senhor Jesus, trago a imagem de meu pai,

Tenho a coragem de trazer na Tua presença os defeitos de meu pai.

Senhor, quero perdoar aquilo que me machucou e curar as mágoas que ficaram.

Coloco minha mãe.

Se ela nunca me deu amor,

Se ela não teve coragem de defender-me diante de meu pai,

Se ela preferiu calar-se, eu a perdoo.

Trago, Senhor, na Tua presença, meus irmãos, as surras que levei, o choro que tive de engolir, as noites que fiquei sem dormir, as cobranças e invejas.

Trago as frustrações profissionais e todas as portas que se fecharam.

Cura-me, Senhor.

Trago, Senhor, o meu casamento, se foi precipitado, para fugir de uma situação, ou se não foi por amor, mas por conveniência.

Aquele momento em que ocorreu a traição no meu casamento, ajuda-me, Senhor, a curar e a restaurar.

Vem comigo naquele momento em que não soube aceitar a morte dos meus entes queridos.

Eu não aceito Senhor, mas quero entregá-los a Ti, e, para isso, preciso da Tua graça,

Preciso do Teu poder,

Preciso da Tua misericórdia.

Põe Tuas mãos e cura, porque não há remédio que alivie este sofrimento.

Não há remédio que faça meu casamento voltar,

Então, eu preciso curar.

Na minha vida profissional, Te entrego todas as situações e pessoas que me prejudicaram,

Põe Tuas mãos e cura minha vida.

Senhor, se houve algum tipo de abuso moral, sexual,

Não há borracha que possa apagar aquele momento, só Tua graça.

Cura, Senhor, sei que não vou conseguir esquecer, mas tira de mim esse sentimento de ódio, raiva, angústia.

Põe Tuas mãos e liberta-me, Senhor.

Cura, meu Redentor, o meu passado e o meu presente.
Cura minha história.
Mostra-me o que há em mim que precisa ser curado.
Sei que estás agindo, Senhor,
Sei que estás curando, restaurando, libertando.
Amém.

16º Passo

Vencer os medos

Para vencer o medo, temos de conhecer melhor esse sentimento de imensa aflição diante de uma situação de ameaça real ou imaginária.

O medo faz parte da condição humana, é um sentimento natural e, dentro dos limites da normalidade, até se faz necessário, pois nos garante a sobrevivência. O medo é uma forma de autopreservação. Contudo, torna-se um grande problema quando foge ao nosso controle e passa a prejudicar o trabalho, a convivência com as outras pessoas e até a relação com Deus.

O medo de fazer uma coisa e errar é natural; o que não é natural é deixar de fazê-la por medo. Isso causa frustrações, fobias, inseguranças e pode levar até à depressão.

Uma senhora partilhou comigo suas angústias. Ela disse sentir medo de tudo, por isso evita sair de casa, não vai à igreja e incomoda-se profundamente com as pessoas que tentam algum tipo de aproximação. Aconselhei-a a trabalhar esse medo aos poucos, vencendo uma batalha a cada dia: primeiro, esforçar-se para chegar ao portão; depois, até a rua; num outro dia, tentar atingir o final do quarteirão; e assim sucessivamente, numa evolução gradativa. Quanto ao medo das pessoas, de fato devemos tomar cuidado e não nos deixar iludir, conforme alertou Jesus — "Sejam prudentes como a serpente e simples como as pombas" (Mt 10,6) —, mas não podemos cair numa paranoia de achar que só existem pessoas ardilosas, prontas para tirar vantagem ou aplicar algum tipo de golpe. Temos de saber discernir entre o bem e o mal, pessoas boas e ruins, e não permitir que o medo cresça a ponto de não confiarmos mais em ninguém.

Não se feche para a vida

Recentemente, uma ouvinte bastante jovem confidenciou já ter tido tanta desilusão em sua vida que, hoje, não abre mais espaço para o amor. É o medo.

Infelizmente, trata-se de uma postura cada vez mais comum. Vivemos num mundo hostil, movido por interesses monetários, grandes e pequenos, e a cada decepção sofrida, fechamos uma porta. Há um ditado que diz: "Quando Deus fecha uma porta, sempre abre uma janela." Temos de seguir Seu exemplo e nunca fechar uma porta sem abrir uma brecha, ainda que mínima, para a luz entrar em nossa vida.

No entanto, o que vemos é justamente o contrário. Não devia ser assim, mas é. Não somos amigos de ninguém e aqueles que deveríamos chamar de "próximos" tornaram-se uma ameaça. Temos medo de mudar de emprego, abrir mão do que não serve mais, entrar de cabeça num novo relacionamento, constituir família. Não é à toa que cada vez mais aumenta o número de solteirões e solteironas. Há também o medo de se lançar nas coisas de Deus. Uma pessoa me disse: "Eu vou levando do jeito que dá. Se, lá do outro lado, depois da morte, tiver alguma coisa, já estarei no lucro. Se não tiver, não terei perdido nada."

O medo de confiar no Senhor leva-nos à incredulidade. Mesmo os apóstolos, passado o momento da ressurreição, permaneceram isolados durante um período, pois estavam com medo (Jo 20,19).

Por isso, pare e reflita: será que, às vezes, você não está paralisado pelo medo, perdendo boas oportunidades e deixando a vida passar?

Sei que a batalha contra esse inimigo invisível não é fácil. Eu mesmo, como padre, tenho uma rotina repleta de compromissos, tanto na paróquia quanto no rádio e na televisão, e muitas vezes sinto medo do excesso de exposição, de enfrentar algum revés e não conseguir honrar os custos com a obra no final do mês, e por aí vai. Isso faz parte. Agora, se eu levar em conta apenas os meus medos, não faço mais nada.

Jesus indicou-nos o caminho, incitando-nos a ter coragem: "Não tenhais medo!" (Mt 14,27). Ele também prometeu: "Eis que estou convosco todos os dias, até o fim do mundo" (Mt 28,20).

Então, sigamos nossa luta sem medo. Coragem, filho! Coragem, filha! Nós temos um Deus ao nosso lado.

> Nós não somos órfãos, temos Pai e Mãe. Confiemos cada vez mais na graça de Deus. Sejamos mais ousados no poder do Senhor! Sejamos mais corajosos na fé!

Como vencer o medo

O Inimigo assumiu a missão de plantar o medo em nós, porque ele nos paralisa e, dessa forma, também não fazemos nada em favor de Deus. É como mostra a parábola dos talentos, na qual um homem, ausentando-se do país, entregou os bens que possuía a seus servos. A um deu cinco talentos; a outro, dois; ao terceiro, um. Aquele que recebeu cinco negociou e ganhou outros cinco. Assim também, o que foi provido com dois, conquistou outros dois. Contudo, o agraciado com apenas um talento, por medo de perdê-lo, enterrou-o. Então, o patrão regressou e, no acerto de contas, referiu-se a esse servo como mau e negligente, ordenando que o seu talento fosse entregue ao que, naquela altura, já possuía dez (Mt 25,14-29).

Assim faz Jesus: ordena que seja tirado do medroso e entregue aos outros. Em outras palavras, não podemos deixar que o medo nos impeça de seguir em frente.

Uma das estratégias utilizadas pelo Inimigo é tentar convencer-nos de que não somos capazes e, portanto, vamos errar. Se, porventura, isso não funciona, implanta a ideia da nossa falsa indignidade: "não sou digno de estar onde estou", "não sou merecedor dessa graça". Esses pensamentos não são de Deus. E, finalmente, quando nada disso "cola", o Inimigo tenta fazer-nos acreditar que Deus não nos ama.

Mas Jesus disse: "Não tenhais medo, pequeno rebanho, pois o Pai está contigo" (Lc 12,32). Sua intenção era justamente fazer seus discípulos perderem o medo em relação a Deus, o que era comum, pois o Deus do Antigo Testamento revelava-se muitas vezes punitivo. Jesus chama Deus de Aba, Pai! (Paizinho) (Mc 14,36), revelando a figura de um pai misericordioso. A parábola do pai de misericórdia, por sua vez, revelou-se concreta expressão da presença do amor de Deus no mundo humano (Lc 15,11-32). Para completar, Jesus ainda nos deu uma mãe e o Espírito Santo. Tudo isso para desenvolver em nós a autoconfiança e nos levar a perder o medo de Deus, da relação com o próximo e de nós mesmos.

Confie naquilo que Deus fez de bom em ti, e o medo se dissipará.

Para superar o medo, o primeiro passo é identificá-lo, esteja ele relacionado a uma situação concreta — medo de dormir no escuro, de tomar uma injeção, de ir a um velório etc. — ou mais abstrata — medo da morte, de ficar doente, de conversar com pessoas etc. Conforme já foi explicado, existe o medo positivo e o negativo. O negativo é aquele que o Inimigo semeia para nos paralisar. O positivo é o que garante a nossa sobrevivência (não se aproximar do fogo, por exemplo) e também o temor de perder a redenção na eternidade, pois torna-nos mais vigilantes com os nossos próprios deslizes.

Uma vez identificado seu medo, o segundo passo é "rezá-lo", ou seja, verbalizá-lo em uma oração, pedindo a intervenção de Nosso Senhor, à luz da promessa feita por Ele de que estará conosco e, portanto, não precisamos temer.

Vale lembrar que esse foi exatamente o roteiro seguido por Jesus nos momentos que antecederam o Seu martírio. Há quem prefira tapar o sol com a peneira e romancear, mas o sofrimento a que os prisioneiros eram submetidos nos tempos do Império Romano era tenebroso, e Jesus sentiu, sim, medo de morrer na cruz e passar por tudo o que teria de passar (identificação do medo, primeiro passo). Em seguida, chorou muito e "rezou" o Seu medo: "Pai, afasta de mim esse cálice" (Mt 26,39).

Angústia, sofrimento, desolação. Mas Ele parou aí?

Não. Jesus enfrentou: "Faça-se a Tua vontade!" (Mt 26,42). Depois, adiantou-se aos guardas e perguntou-lhes "a quem procurais?", obtendo como resposta "a Jesus de Nazaré". "Sou eu", revelou-lhes, então. Eis o terceiro passo: atitude.

Chama a atenção o fato de que quando os soldados chegaram com lanternas, tochas e armas, Jesus já sabia tudo o que iria acontecer, adiantando-se e perguntando: "A quem buscais?" Ao que responderam: "A Jesus de Nazaré." "Sou eu", disse-lhes. Nesse momento, recuaram e caíram por terra. Então, Jesus perguntou-

-lhes pela segunda vez: "A quem buscais?" Disseram: "A Jesus de Nazaré." Replicou Jesus: "Já vos disse que sou eu. Se é, pois, a mim que buscais, deixai ir estes" (Jo 18,4-8).

Isso significa que quando enfrentamos nossos medos sozinhos e de peito aberto, eles desmoronam.

Santa Brígida dizia: "Hás de saber, filha minha, que meus tesouros vivem cercados de espinhos, mas eu não tenho medo. Eu suporto os primeiros espinhos que me machucam, então, depois, eu me delicio na doçura dos meus tesouros." São João Bosco, por sua vez, completa: "A coragem dos maus é sustentada pelo medo dos bons; sejamos mais corajosos e veremos que o mal se aquietará."

O mal faz muito barulho em nossa vida, porque nós somos medrosos, covardes. Façamos como Jesus e veremos nossos medos caírem por terra.

A tempestade vai passar

Esse é exatamente o título da música que compus, correspondente a uma das faixas do CD de mesmo nome gravado por mim, após fazer uma pregação na qual o Evangelho sugerido tratava da experiência vivenciada por Pedro e outros: ao avistarem o Senhor caminhando sobre a água em direção à barca onde estavam, pensaram tratar-se de um fantasma. Assustados, gritaram, mas o Senhor tranquilizou-os dizendo: "Coragem! Sou eu. Não tenham medo." Pedro ficou tão encantado que pediu permissão ao Senhor para ir ao Seu encontro, igualmente caminhando sobre a água. Jesus consentiu: "Vem!" O texto conta que Pedro deu alguns passos, porém fraquejou diante da forte correnteza provocada pela mudança de direção do vento e implorou: "Senhor, salva-me!" Jesus estendeu a mão e o salvou, porém fez uma observação sobre o medo que Pedro sentiu: "Homem de pouca fé, por que duvidaste?"

Ao interpretar esse texto, sabemos que Pedro é a personificação da Igreja, que, na travessia dos tempos, sofre, sendo perseguida e açoitada pelos ventos contrários. Pedro também representa a figura de todo cristão que tem de vencer seus medos e atravessar a vida mesmo nas tribulações. Foi o próprio Jesus quem disse: "No mundo tereis tribulações. Mas tende coragem! Eu venci o mundo" (Jo 16,33b).

Não deixemos que o medo nos domine, tire nossa paz interior, nosso sossego e nossa alegria de viver.

ORAÇÃO

Meu Pai,
Eu me abandono em Ti,
Faze de mim o que quiseres.
O que fizeres de mim,
Eu Te agradeço.

Estou pronto para tudo, aceito tudo.
Desde que a Tua vontade se faça em mim

E em tudo o que Tu criastes,
Nada mais quero, meu Deus.

Nas Tuas mãos entrego a minha vida.
Dou-a para Ti, meu Deus,
Com todo o amor do meu coração,
Porque Te amo
E é para mim uma necessidade de amor dar-me,
Entregar-me nas Tuas mãos sem medida
Com uma confiança infinita
Porque Tu és...
Meu Pai!

(Bem-aventurado Charles de Foucauld)

17º Passo

Exercitar as virtudes de Maria

Deus encarnado fez Sua primeira moradia no ventre de uma mulher, Maria, que, aceitando o convite da graça e dizendo o "Sim", tornou-se o modelo de quem faz a vontade do Pai.

Os Evangelhos deixam claro o papel de Maria na obra da salvação: Deus visita a humanidade e se faz criança; para isso, Maria constitui-se na nova arca da aliança. O útero de Maria, por sua vez, torna-se o primeiro tabernáculo. A obra da redenção teve início no útero de Maria. É o útero da humanidade sedenta do Verbo Eterno do Pai.

O Magistério da Santa Igreja, no Concílio Vaticano II, apontou Maria Santíssima como modelo de virtude. A virtude é uma disposição habitual e firme para fazer o bem. Permite à pessoa não só praticar atos bons, mas dar o melhor de si (CIC 1803).

As principais virtudes das quais Maria é modelo são: humildade, fé, esperança, fortaleza, caridade e confiança. Então, se desejamos ser virtuosos, nada melhor do que "imitar" a Mãe de Deus.

Humildade

Maria foi a serva humilde que nunca atraiu para si mesma a atenção. Encontramos, na Bíblia, pouquíssimas palavras pronunciadas por ela. Seu nome também não é citado muitas vezes, mas constatamos amplamente a presença silenciosa de Maria em todos os acontecimentos importantes, especialmente aqueles relativos à vida de seu filho Jesus Cristo, desde o momento da anunciação até o nascimento da Igreja.

Em sua humildade e justiça, Maria jamais se prevaleceu da condição de mãe do Salvador e lembrava-se sempre de que tudo era dom de Deus. Quando exaltada por Isabel como a "bendita entre as mulheres", não tomou para si essa glória, mas a atribuiu a Deus respondendo com o cântico: "Minha alma glorifica ao Senhor, meu espírito exulta de alegria em Deus, meu Salvador." E serviu Isabel humildemente por três meses (Mt 1,46.56). Quando Jesus pregava, ela não chegava "botando banca", dando ordem; pelo contrário, permanecia discreta, esperando sua vez de falar com Ele (Mt 12,46).

Para nós que, em nossa autossuficiência, não admitimos nossos próprios pecados, Maria ensina a buscar a purificação por meio do Sacramento da Confissão e nos dá a lição da obediência, do cumprimento às leis de Deus, como forma de demonstrar nossa adoração a Ele.

Fé

Maria é modelo de fé e, sobre isso, Santo Agostinho disse: "Mais bem-aventurada, pois, foi Maria em receber Cristo pela fé do que em conceber a carne de Cristo. A consanguinidade materna de nada teria servido a Maria se ela não se tivesse sentido mais feliz em acolher Cristo no seu coração que no seu seio."

O Anjo a saúda: "Ave cheia de graça" (Lc 1,28). Quando foi que um anjo dirigiu-se a um ser humano com tão honrosa saudação? Mas a ela o Anjo referiu-se dessa forma: cheia de graça, ou seja, cheia da graça de Deus.

Maria não contestou a anunciação do Anjo; ao contrário, prontamente acreditou e docilmente consentiu na encarnação do Verbo.

Muitos podem pensar: "Qual mulher não aceitaria ser a mãe do Salvador?"

Não é bem assim. Temos de considerar a realidade na sociedade daquela época, na qual os padrões eram muito rígidos, principalmente no que se referia às mulheres. Tanto que José, não querendo denunciá-la, pensou em abandoná-la sem ninguém saber (Mt 1,19). Nenhuma mulher se arriscaria dessa forma, a não ser que acreditasse plenamente nas promessas de Deus. Isso torna o "Sim" de Maria a prova de sua imensa fé. Por causa dessa fé, Isabel proclama: "Bem-aventurada aquela que acreditou, porque vai acontecer o que o Senhor lhe prometeu" (Lc 1,45).

Foi movida por sua fé que Maria, dando à luz seu filho num estábulo, acreditou que Ele era o Filho de Deus. E, quando o viu maltratado e crucificado, acreditou que estava diante do nosso Salvador.

Imitar a fé de Maria é acreditar em Deus, em tudo o que Ele nos revelou e reconhecer de todo o coração e com toda alma a Sua misericórdia e glória.

Esperança

Maria é modelo da perfeita esperança. Demonstrou isso desde sua juventude, quando ardentemente desejou a vinda do Messias. Depois, ao guardar o segredo da filiação divina de Jesus, esperançosa de que José a compreenderia assim que o próprio Deus lhe explicasse.

Teve esperança em Deus quando precisou fugir para o Egito para salvar o Menino Jesus do extermínio imposto por Herodes aos recém-nascidos (Mt 2,13-14), e novamente durante as Bodas de Caná, ao pedir para fazerem o que Jesus dissesse (Jo 2,5).

Imitar a esperança de Maria é esperar em Deus, não se desesperar nem desanimar diante das dificuldades e sofrimentos, mas, como ela, voltar para Deus na oração, com a convicção de que Ele nos ajudará e só quer o nosso bem.

Fortaleza

Se sofre o filho, sofre a mãe. Sabemos que basta o primeiro apresentar um simples sintoma de resfriado para a segunda desmanchar-se em preocupações e cuidados. Não é assim com todas as mães?

Nossa Senhora era mãe, portanto, coloque-se no lugar dela e tente imaginar o que sentiu ao ver Jesus sofrer o que sofreu. Desespero seria a reação mínima, e não duvidamos de que essa sensação a corroía por dentro. Mas, ainda assim, ela se manteve firme, de pé junto à cruz (Jo 19,25), acompanhando-O em todas as suas provações.

É essa presença silenciosa na hora da dor que Maria nos dá como exemplo. Às vezes, deparamo-nos com pessoas que estão sofrendo, por doença ou acidente, e pelas quais já não podemos fazer mais nada, não encontrando palavras que confortem. Contudo, mesmo sem verbalizar, nossa presença é de grande ajuda, pois aquele que sofre sabe estar acompanhado em seu calvário.

Maria entendeu isso e, diante da cruz, não pronunciou uma palavra sequer. Pelos Evangelhos sabemos que Jesus falou, enquanto Maria permaneceu de pé, forte, perseverante. Não precisa estar escrito para sabermos que seu coração dizia: "Estou aqui, filho, estou ao Teu lado."

Certamente não é fácil. Muitas vezes, dá até vontade de "dormir hoje e acordar apenas quando tudo passar", como se diz popularmente, mas o exemplo de Maria ensina-nos a perseverar, mantendo-nos firmes em meio aos pequenos e grandes sofrimentos.

Maria é cheia de graça, plena do Espírito Santo, exemplo supremo de fortaleza.

Caridade

A caridade sintetiza todas as virtudes, e Maria foi plena da caridade. Ela amou intensa e perfeitamente. Amou tanto a Deus e a humanidade que doou inteiramente sua vida ao projeto do Reino.

O conceito de caridade com o próximo consiste em dar-lhe aquilo que ele realmente precisa, e Maria agiu assim com quem conviveu. Com Isabel, quando soube de sua gravidez, dirigiu-se apressadamente às montanhas para visitá-la e ficar com ela (Lc 1,39-56).

Nas bodas de Caná, percebeu que o vinho era a necessidade dos noivos, e pediu ajuda ao filho (Jo 2,3).

Com os apóstolos, Maria deu o maior exemplo de caridade: o perdão.

Jesus foi traído, negado e abandonado pelos próprios apóstolos.

Você já parou para pensar na proximidade que Nossa Senhora tinha com os apóstolos? Quando Nosso Senhor foi traído, obviamente ela também se sentiu ultrajada. Se Jesus conviveu durante três anos com os apóstolos, Maria partilhou de muitos desses momentos, conforme atestam os escritos bíblicos que mencionam sua presença.

Maria também teve de conviver com Pedro, que chegou a dizer a Jesus que daria a vida por Ele (Jo 13,37) e, depois, negou-O por três vezes, afirmando não conhecê-Lo (Jo 18,17.25.27). Que punhalada!

No entanto, a mãe de Nosso Senhor superou tudo, pois voltou a rezar com os apóstolos após os momentos de agonia de Cristo na cruz, dando seu perdão àqueles que haviam abandonado seu próprio filho. "Se meu filho te perdoou, na cruz, eu também te perdoo", deve ter dito olhando nos olhos de Pedro.

Esse é o maior exemplo de perdão que podemos ter (leia mais sobre a importância do perdão no 14º passo descrito neste livro).

Confiança

Muitos estranham que, após a Ressurreição, não haja relatos de que Jesus tenha visitado Maria. Por outro lado, apareceu a Maria Madalena e a outras mulheres (Mc 16,9; Lc 24,9-11); esteve com os discípulos e comeu com eles demonstrando que estava vivo e não era um fantasma (Lc 24,37-43), porém atravessou a porta fechada comprovando que não era mais matéria grosseira; e deixou-se tocar em suas chagas por Tomé (Jo 20,26-27).

Seria Jesus um filho relapso?

Não. O fato é que Jesus apareceu para os que tinham dúvidas, os incrédulos. Maria, Sua mãe, nunca duvidou que Ele era nosso Salvador. Ela que acolheu e soube aceitar a vontade do Senhor na encarnação, mesmo sem entender, guardando tudo em seu coração (Lc 2,51), nunca teve necessidade de provas para acreditar na Ressurreição. Confiou nas promessas de Deus e nas palavras do Filho, que tinha dito que iria ressuscitar. Ela sabia que seu filho estava vivo.

Com certeza, Jesus esteve com Sua mãe após a ressurreição, mas não para provar nada, afinal ela demonstrou humildade, teve fé, soube esperar, mostrou-se forte, capaz de perdoar e confiante.

> Com o nascimento da Igreja, começa efetivamente a missão de Maria, confiada por Jesus aos pés da cruz: "Mulher, eis aí teu filho" (Jo 19,26). Por isso, ela é a Mãe da Igreja e a mãe que intercede por nós.

Exercitar as virtudes de Maria, portanto, é o que nos torna bem-aventurados, cada vez mais próximos de Jesus e da santificação desejada por Deus para cada um de nós.

ORAÇÃO

Mãe Santíssima, Mãe terna, Mãe cheia de graças.

Ajuda-me a exercitar tuas virtudes e a imitar teus exemplos.

A fé é dom de Deus, por isso, Mãe,

Alcança-me a graça de uma fé viva, forte e atuante, que santifica.

Ensina-me a ter esperança na salvação conquistada pelo teu filho Jesus,

A confiar nas promessas,

A ser obediente e fiel às leis do Senhor.

Que, diante das dificuldades, eu não desanime e tenha a mesma força que te manteve aos pés da cruz.

Tem pena de mim, Mãe, por vezes tão arrogante,
E ensina-me a ser humilde,
A reconhecer em tudo a glória infinita de Deus
E louvá-Lo pelo que eu sou.
Ensina-me como ensinaste Jesus, a promover a justiça e a paz.
Quero amar como tu amaste, e perdoar como perdoaste.
Fica ao meu lado, Mãe,
E nas horas de angústia, sê meu socorro.
Que ajudado por ti, Mãe,
Eu consiga aumentar minha fé,
Firmar-me na esperança
E perseverar no amor a Jesus até o fim.
Amém.

18º Passo

Desapegar-se dos bens materiais

Dinheiro, assim como as notas musicais, é um dos símbolos mais universais que existe.

Mas, afinal, o dinheiro deve ser encarado como algo bom ou ruim?

Por permitir a solução de muitos problemas, sobretudo aqueles de ordem financeira, o dinheiro é ótimo, mas a questão é como lidamos com ele e o preço que pagamos para tê-lo. O dinheiro é tentador, mas não podemos deixar que ele nos escravize, colocando nosso "termômetro de felicidade" no quanto possuímos. Caso contrário, o dinheiro passará de meio a fim.

Outro perigo é ser contaminado pela compulsão de querer sempre mais. Nesse caso, o que se tem nunca é o bastante, cometendo-se toda sorte de loucuras na intenção de obter mais e mais dinheiro, como roubar, traficar, prostituir-se, usurpar a fé do próximo e até matar.

Certa vez, contaram-me um fato muito revoltante. Uma senhora idosa acreditava ter sua segurança financeira garantida por meio da pensão que recebia e de algumas propriedades que ficaram em seu nome após a morte do marido. No entanto, quando precisou de assistência médica, os próprios filhos, para não mexerem na herança que teriam a receber, preferiram fazê-la passar por todas as provações que o nosso sistema público de sáude reserva para os menos favorecidos.

A mulher havia sido providente, mas ela não imaginava que a ganância dos filhos seria capaz de colocar sua própria vida em risco. Infelizmente, por causa do dinheiro, muitas famílias acabam desestruturando-se.

> **A ganância coloca em risco a salvação, porque o ganancioso torna-se corrupto e, para ganhar sempre mais, vende a ética e a moral.**

Sirva-se do dinheiro, mas não o sirva

Certamente Jesus alerta para termos cuidado com o dinheiro e não deixarmos que o apego excessivo aos bens materiais transforme-se em ganância, a ponto de fazermos algo semelhante aos familiares da pobre senhora hospitalizada em condições desfavoráveis. No entanto, não se pode interpretar a Bíblia de forma extremada, pregando que todos devam fazer votos de pobreza e repudiar a busca por estabilidade financeira.

Não devemos servir ao dinheiro — viver preocupados, desgastando-nos, sem conseguir ter repouso na mente e no coração de tanta preocupação com o ter e o poder —, mas podemos (e por que não?) usufruir dos benefícios trazidos por ele.

Temos de tomar cuidado para não cair no radicalismo de achar que ninguém pode almejar prosperar porque estaria indo contra Deus. Não é verdade. Isso é conversa de gente preguiçosa que quer morrer "encostada num barranco".

Quem não quer que o filho estude num bom colégio, faça um bom cursinho e entre numa faculdade decente? Quem não quer ter a sua casa própria? Isso é um direito e não podemos ser tão pequenos a ponto de pregar contra isso.

O trabalho honrado dignifica o homem quando é exercido respeitando a dignidade do próximo. Trata-se de um direito e um dever, como orientou o apóstolo São Paulo: "Quem não quiser trabalhar não tem o direito de comer" (2Ts 3,10b). O dinheiro ganho com o suor de um trabalho digno é abençoado por Deus. O que deve ficar claro é que o trabalho existe para atender às necessidades do homem, e não o contrário. Então, não é errado trabalhar para conseguir dar uma vida digna e confortável aos seus. O erro está em trabalhar sem inteligência. O erro é fazer disso o sentido da vida, acreditando que acumular riqueza e deixar bens materiais — propriedades, terras, terrenos, casas, fazendas, carros, quinquilharias — são a coisa mais importante a se deixar para os herdeiros. Aí está o erro.

> É plano de Deus que ganhemos o pão com nosso próprio suor. Erro é achar que a única coisa que podemos deixar para nossos filhos seja um futuro repleto de bens materiais.

Sobre isso, há uma parábola bastante ilustrativa contada por Jesus. Um homem havia feito uma colheita tão abundante que não tinha onde guardar seu resultado. Então, ao final do dia, decidiu: "Vou construir meus celeiros, pois tenho reserva de alimento suficiente para muitos anos. Vou regalar-me, descansar, beber, comer, aproveitar a vida." No entanto, nessa mesma noite, morreu (Lc 12,16-20).

Na verdade, o homem não merecia ser punido por ter conseguido uma boa colheita; o erro foi pensar em construir celeiros só para acumular. O objetivo de Jesus é mostrar não apenas a brevidade da nossa existência, mas, sobretudo, alertar para a grande verdade de que desta vida nada se leva.

Isso não quer dizer que temos de fazer voto de pobreza, uma opção que faz parte da vida religiosa e para a qual alguns homens e mulheres são especialmente escolhidos por Deus. O que o Senhor pede é que saibamos lidar com os bens materiais com desapego.

Na riqueza ou na pobreza, saiba partilhar

A lição ensinada pela parábola de Jesus é comprovada todos os dias, afinal nunca vi cortejo fúnebre seguido por um caminhão de mudança carregando os bens do finado para sua derradeira morada. Todos nós sabemos disso, assim como sabemos que da morte ninguém escapa, mas muitos preferem iludir-se e consumir sua energia acumulando tesouros que ficarão pelo meio do caminho.

Na verdade, a morte em si não existe, uma vez que ela é apenas uma passagem para alcançar a eternidade com Deus. Mas a nossa relação com o dinheiro nos deixa inseguros quanto ao rumo que estamos dando à nossa vida. Não raro, questionamos: "Senhor, o que devo fazer para salvar minha alma e entrar no Reino dos Céus? Como ter certeza de que estou no caminho certo?"

Entre outros requisitos, basicamente correpondentes aos mandamentos da segunda tábua entregue a Moisés, Jesus garante e coloca como uma das condições de nossa salvação a igualdade no tratamento do próximo, ou seja, a justiça nas nossas relações. Nosso Senhor chega a dizer a um jovem citado no Evangelho para vender todos os seus bens e dar o dinheiro aos pobres (Mc 10,17-27), pois o desapego, a entrega total seria o caminho para alcançar a perfeição.

> A confiança absoluta na Providência Divina e a busca pela erradicação de toda e qualquer forma de pobreza são as senhas para entrar no Reino dos Céus e viver a eternidade ao lado de Deus.

Aqui cabe uma observação: conforme afirmei em outro capítulo, sempre que o interlocutor de Jesus não tem seu nome mencionado nos Evangelhos, nós podemos — e devemos — fazer o exercício de nos colocar em seu lugar. O jovem da parábola atende exatamente a esse critério, podendo ser substituído por todo e qualquer ser humano, incluindo eu e você.

A reflexão se aprofunda quando sabemos que aquele jovem não seguiu a recomendação feita por Cristo. Virou as costas e foi embora, pois era muito rico. Jesus, então, afirmou aos discípulos que é mais fácil um camelo passar pelo buraco da agulha do que um rico entrar no céu.

Claro que a riqueza ilícita, aquela alcançada a qualquer custo, fruto da corrupção, fecha a porta ao Reino de Deus, não há dúvida, mas a avaliação feita por Jesus não é tão simplória a ponto de permitir a conclusão de que os ricos vão para o inferno e os pobres, para o céu. O que Nosso Senhor condena é o apego de quem se deixa dominar pelo materialismo. De nada adianta morar embaixo da ponte e ser uma pessoa mesquinha, incapaz de dividir uma simples migalha.

Seja na riqueza, seja na pobreza, temos de aprender a partilhar, e para isso é fundamental sermos soberanos em relação às coisas que nos cercam, não importa se tenhamos muito ou pouco, e não deixar que elas exerçam um poder de senhorio sobre nós.

> O dinheiro em si não condena ninguém. A maneira como é administrado, expressa por meio da avareza, do sentimento de posse ou de fascínio por sua presença em nossa vida é que nos leva à perdição.

Fuja da prosperidade monetarista

Movimento religioso surgido nos Estados Unidos, nas primeiras décadas do século XX, a "Teologia da Prosperidade" tornou-se modismo em algumas igrejas neopentecostais.

Em linhas gerais, parte do princípio de que, se Jesus é Rei e Deus é Rei, os homens seriam filhos do Rei e, portanto, devem receber os benefícios dessa filiação em forma de riqueza. Ela afirma sua doutrina por meio de interpretações de alguns textos isolados da Bíblia, tais como: "Suas empresas têm sucesso em todo tempo..." (Sl 10,5); "Faço aliança contigo e com tua posteridade, uma aliança eterna, de geração em geração, para que eu seja o teu Deus e o Deus de tua posteridade" (Gn 17,7).

Os discursos relacionados à "Teologia da Prosperidade" têm atraído a atenção daqueles que são fracos na fé e só buscam a

Deus para satisfazer seus interesses pessoais. No entanto, não podemos servir a dois senhores: ou servimos a Deus ou ao dinheiro. A verdadeira prosperidade não resulta dos tesouros que acumulamos na terra, que facilmente nos podem ser tirados, mas do investimento feito no que é eterno, conforme Jesus recomendou: "Ajuntai tesouros no céu, onde nem a traça nem a ferrugem consomem, e onde os ladrões não minam nem roubam" (Mt 6,19s).

Pense bem: Deus não está pedindo o impossível. Ele é tão amoroso conosco que nos permite exercer nossa natureza humana, cuja essência é boa, mas temos de fazer jus a ela e desapegar-mo-nos dos bens materiais.

ORAÇÃO

Senhor Jesus, que, tendo subido o monte,

Disseste aos apóstolos e a toda a multidão que o seguia: "Bem-aventurados os que têm um coração de pobre, porque deles é o Reino dos Céus!" (Mt 5,3)

Quero ser bendito e bem-aventurado na vida.

Ajuda-me, Senhor, a viver de coração a humildade, fruto do despojamento e da renúncia.

Ajuda-me neste processo de desapego a objetos e bens materiais.

Se for preciso, Senhor, faze uma intervenção em minha vida,

Para que a cegueira do consumismo, do capitalismo desenfreado, seja iluminada pela luz da disponibilidade.

Ajuda-me a passar pela renúncia pessoal do orgulho, da vaidade, da avareza.

Mostra-me o caminho da solidariedade.

Quero ser bem-aventurado.

Toca, Senhor, em minha vida, em minha forma de pensar e agir.

Conduze-me, na graça do Teu Espírito, à mudança, à renovação e à conversão dos meus princípios, às vezes mesquinhos,

Mas que, iluminados pela Tua Palavra, podem levar-me ao desapego.

Conto com Tua ajuda, Senhor.

Amém.

19º Passo

Revestir-se da armadura de Deus

No tempo do Império Romano e também no período medieval, a vestimenta constituída de várias peças que formavam uma proteção ao corpo dos soldados era chamada de armadura. O apóstolo São Paulo transferiu esse conceito para a vida espiritual, mostrando a importância de nos revestirmos dessa "armadura" para o combate diário de nossa vida contra tudo aquilo que nos afasta de Deus.

> Ao nos revestirmos da armadura de Deus, estaremos prontos para vencer o impulso do mal que diariamente nos tenta.

São Paulo nos diz que se trata de um combate constante para o qual é necessário revestir-nos por inteiro. A armadura é um todo, porém, composta de várias peças, cada uma correspondendo a algo que precisamos conhecer ou desenvolver para nos tornar menos vulneráveis aos constantes ataques do Inimigo.

São elas: o Cinturão da Verdade, a Couraça da Justiça, o Calçado do Evangelho, o Escudo da Fé, o Capacete da Salvação e a Espada do Espírito (Ef 6,13-17).

O Cinturão da Verdade

"Ficai alerta, à cintura cingidos com a verdade..." (Ef 6,14a).

O cinturão era uma peça imprescindível para a sustentação de toda a armadura. Ele a mantinha firme em volta do corpo, mas também era útil para sustentar a espada, conferindo ao soldado uma sensação de firmeza e confiança.

Associar a verdade ao cinturão, portanto, significa tê-la no meio de si, dando sustentação a todas as demais instâncias da vida. Entendida no sentido de sinceridade e honestidade, a verdade ajuda-nos a combater a mentira, os falsos juízos e o juízo temerário, as calúnias, a hipocrisia, bem como a defender o que é justo e digno.

O cinturão envolve e protege os rins. Na Bíblia, os rins são a sede do vigor físico e dos sentimentos mais ocultos e fortes. Então que nossa força e nossos sentimentos estejam sempre de acordo com a verdade de Deus.

Na teologia bíblica, o termo "coração" é entendido como sede da vontade e os rins, dos sentimentos.

Jesus disse que "a verdade vos libertará" (Jo 8,32), indicando que a mentira nos escraviza. Onde existe mentira, proliferam a desonestidade, a injustiça, a corrupção e a falta de vergonha. Ter a cintura cingida com a verdade é estar protegido contra os golpes baixos do Inimigo, não consentindo que as mentiras dele entrem em nossa vida.

Nenhum relacionamento tem futuro na mentira. Não dá para agir de má-fé na vida profissional e achar que é possível ser visto como uma pessoa de bem por amigos e familiares. Da mesma forma, não dá para frequentar a Igreja Católica num dia e no outro ir atrás do ocultismo. É preciso ter convicção na fé. O ser humano é um todo e não dá para fazer esse tipo de separação.

Há pessoas que chegam a defender a tal "mentirinha branca" ou "técnica", como se existisse falsidade que pudesse ser justificada por não ofender àquele contra o qual é praticada, mas isso é apenas mais uma artimanha do Inimigo para nos ludibriar. Ou é verdade, ou é mentira.

Outros afirmam que a verdade dói e usam isso como pretexto para continuar enganando. Certamente, tomar consciência de um fato desagradável pode trazer dissabores, mas o problema não é o fato em si, mas a maneira como lidamos com a nossa fragilidade. Não há nada de errado em ser frágil, sofrer, sentir dor. Ao contrário, isso significa apenas que somos humanos. Agora, precisamos ter os pés no chão e saber que ninguém é perfeito, em razão da nossa própria condição de frágeis pecadores. O único ser perfeito é Jesus Cristo.

Portanto, na sua vida, opte sempre pela verdade. Sim, é uma questão de opção, de querer. Ao nos revestirmos com o Cinturão da Verdade, damos o primeiro passo para nos apropriarmos do poder espiritual da armadura de Deus.

A Couraça da Justiça

"O corpo vestido com a couraça da justiça..." (Ef 6,15b).

A couraça era geralmente constituída de duas partes: uma delas disposta sobre o peito e a outra nas costas, sendo ligadas entre si por tiras. Nessa região do corpo estão situados praticamente todos os nossos órgãos vitais, sendo o maior deles o coração, que na concepção de São Paulo deve agir sempre pautado pelo princípio da justiça.

A Couraça da Justiça significa que o nosso interior tem de ser bom e não pode fomentar a maldade.

Infelizmente sabemos que, por mais que sejamos batizados e comunguemos, estamos sujeitos diariamente ao bombardeio de valores anticristãos. A quantidade de "sentimentos cacarecos" que absorvemos, como uma esponja — mágoas, ressentimentos, desejo de vingança, avareza, ambição etc. —, é muito grande. O próprio São Paulo admitiu não ser santo, mas ter-se tornado um. Em um trecho de sua carta aos Romanos, afirma: "Irmãos, estou ciente de que o bem não habita em mim." Ele continua: "Eu sei o que é o bem; apesar de saber o que quero, faço o que não quero." E completa: "Não sou eu que estou agindo, mas o pecado que está em minha carne" (Rm 7,18-20).

A carne é a parte mais fraca do ser humano (Rm 7,18), por onde penetram todos aqueles "cacarecos" já citados. Portanto, sugiro que você coloque seu nome nesse texto de São Paulo, como se fossem seus os dizeres, e lute diariamente para livrar-se do pecado, mantendo o discernimento entre o que é certo e o que é errado.

Ponha sua confiança no Senhor e permaneça num estado vigilante dos seus desejos e de suas paixões. Somente assim conseguirá impedir o domínio do mal que habita em todos nós.

O Calçado do Evangelho

"Os pés calçados de prontidão para anunciar o Evangelho da paz..." (Ef 6,15c).

Os pés são a base que sustenta o corpo. Para isso, o calçado usado pelos soldados romanos oferecia melhor adesão ao chão, impedindo que durante o combate o soldado se desequilibrasse. Em nossa vida espiritual não deve ser diferente. São Paulo compara o anúncio do Evangelho com calçados, porque o Evangelho é essa base sólida que nos mantém equilibrados, em pé, demonstrando preparo, segurança, firmeza e anunciando a Boa-Nova da salvação conquistada por Jesus por onde passamos.

Contudo, o Inimigo não dá trégua e tenta de todas as maneiras desviar nossos passos. Inveja, perseguição, desânimo, cobiça, falta de perdão, afastamento de Deus colocam em risco nossa caminhada e deixam-nos vulneráveis aos estratagemas do Maligno.

Jesus avisou: "Por causa do Meu nome sereis odiados, pai entregará filho, filho entregará pai" (Mt 10,16-23). Isso mostra que uma vida pautada pelo Evangelho, na Palavra de Deus, gera conflitos, pois quando nos deixamos conduzir pela lógica divina, batemos de frente contra a lógica do mundo. Daí a importância de termos os pés calçados com o Evangelho da Paz.

Com ele, somos guiados pelo Espírito Santo e estamos sempre prontos para qualquer desafio, combatendo paixões desordenadas e sentimentos mundanos, conforme explica a carta de São Paulo aos Gálatas: "Por isso é que lhes digo: vivam segundo o Espírito, e assim não farão mais o que os instintos egoístas desejam. Porque os instintos egoístas têm desejos que estão contra o Espírito, e o Espírito, contra os instintos egoístas; os dois estão em conflito, de modo que vocês não fazem o que querem" (Gl 5,16s).

Quando nos deixamos inundar pela paz, que é fruto do Espírito Santo, adquirimos a força necessária para perseverar até o fim no caminho reto e vencer todas as provações.

> Andar com o Calçado do Evangelho da Paz é pisar nas pegadas de Jesus, permanecendo sereno em meio às tribulações e sendo guiado por sentimentos como prudência, firmeza, discernimento, constância, humildade e, acima de tudo, perseverança na fé.

O Escudo da Fé

"Sobretudo, embraçai o Escudo da Fé, com que possais apagar todos os dardos inflamados do maligno..." (Ef 6,16).

Durante as batalhas, quando o exército inimigo atacava, os soldados romanos levantavam o escudo para aparar o golpe. São Paulo, por estar muito familiarizado com essa realidade, afirma: "Senhor, dai-me o Escudo da Fé para que, quando Satanás levantar a mão num golpe contra mim, eu possa defender-me do golpe do Inimigo."

Assoladas pela violência urbana, as pessoas tentam de todas as formas se proteger levantando muros, instalando alarmes contra ladrões e colocando cercas elétricas em volta de suas casas, mas se esquecem de buscar proteção contra o mal que entra pela porta da frente, aproveitando-se do nosso torpor. Esperto, ele "pinta-se de bom" e ataca em nossos momentos de dúvida. Sua intenção é destruir a nossa união com Deus, então, age de forma ardilosa, muitas vezes "a conta-gotas", tirando nossa paz interior, depois nossa vontade de rezar, até que consegue tirar a armadura da Palavra e fragiliza-nos por completo.

> São Paulo quer nos alertar: Fortalecei-vos, revigorai-vos no Senhor. Estai de prontidão, não vos entregueis ao sono profundo do torpor da fé.

O Escudo da Fé é alimentado na oração, e temos de estar conscientes de qual é a parte de nossa vida que está mais fraca, mais vulnerável, e protegê-la com nosso escudo.

Um vício, uma paixão desordenada, uma má inclinação, a ganância de ter são exemplos dessas fragilidades que carregamos dentro de nós. A Palavra nos diz que podemos expulsá-las, varrendo, limpando o nosso interior como a uma casa. Mas, atenção: de nada adianta fazer tudo isso se logo depois a deixamos vazia. Quando viajamos e nossa casa fica sem ninguém, ladrões facilmente entram. Da mesma forma, se mantivermos o coração vazio, ele se tornará alvo fácil para o Inimigo.

Por isso, não basta conseguir a libertação, temos de impedir qualquer possibilidade de o mal instalar-se, preenchendo completamente nosso coração e nossa vida com a presença salvadora de Jesus.

O Capacete da Salvação

"Tomai, enfim, o Capacete da Salvação..." (Ef 6,17a).

O capacete proteje a cabeça. Nos dias de hoje, é acessório obrigatório, exigido por lei para a proteção contra diversos perigos, como acidentes, quedas, impactos. No tempo de São Paulo, o capacete era utilizado com a função de proteger a cabeça e parte do pescoço dos soldados durante os embates. Era confeccionado em metal, geralmente bronze ou ferro, de forma que nenhuma espada pudesse danificá-lo.

É na cabeça que está nosso intelecto, o centro de nossa vontade, pensamentos, decisões. É a cabeça que comanda todo o corpo, portanto, se o Inimigo conseguir dominar nossa mente, destruirá todo o nosso corpo. Ciente disso, São Paulo, na Primeira Carta aos Tessalonicenses, refere-se à esperança da salvação como um capacete protetor (1Tes 5,8).

É em nossa mente que o Maligno semeia dúvidas, enganos, além de sentimentos ruins como vingança, soberba, orgulho e vaidade, entre outros. Ele age astutamente, envolvendo-nos e fazendo com que o mal pareça bom, armadilha na qual Eva foi pega no Jardim do Éden (Gn 3,1-6). O que o Inimigo mais quer é nos tirar dos braços de Deus, do coração do Senhor, da graça divina. Por isso, ele age no intuito de nos afastar de Quem tanto nos ama.

A salvação deve ser o objeto de nossa esperança, a finalidade de nossa caminhada de fé, senão nada faz sentido. Um dos principais alvos dos ataques do Inimigo é justamente a salvação conquistada por Cristo, e, às vezes, por estarmos acostumados ao sentimento mundano de temporalidade, acabamos duvidando de que nosso destino seja a eternidade com Deus.

Sem capacete, a cabeça torna-se uma das partes mais vulneráveis num combate, por isso São Paulo orienta: "Tomai, enfim o Capacete da Salvação."

"Tomai" significa apropriar-se da salvação. Jesus Cristo é a salvação, então revestir-se do Capacete da Salvação é ter o pensamento de Cristo (1Cor 2,16).

> Ter o pensamento de Cristo é seguir suas pegadas.

A Espada do Espírito

"Tomai a Espada do Espírito, isto é, a Palavra de Deus" (Ef 6,17b).

Ao contrário das outras peças da armadura, que são de defesa, a espada tem como objetivo atacar. Historicamente sabemos que a espada foi uma grande conquista da humanidade, que surgiu como uma importante arma de guerra após a descoberta da manipulação do ferro e do aço.

No caso da espiritualidade, a espada que nos ajuda a enfrentar as inúmeras provações do dia a dia tem nome próprio: Espírito

Santo. Ele vem para suprir nossa fraqueza, então se torna uma espada para digladiarmos com o Inimigo.

Depois da ressurreição e ascensão de Jesus, os apóstolos estavam com as portas fechadas por medo dos judeus, e foi no Cenáculo, local onde ocorreu a Última Ceia, que o Espírito Santo foi a luz refulgente, purificadora e encorajadora para tirar o medo.

A Espada do Espírito Santo que recebemos na armadura de Deus afugenta de nossa vida o medo, tanto o real quanto o ilusório.

Com a espada afiada do Espírito Santo, assim como os apóstolos, deixamos de ser vítimas de nossos medos e passamos a enfrentá-los de igual para igual. O toque do Espírito Santo é fundamental, porque é Ele quem nos dá o discernimento para eliminar o que está errado, caso contrário, corremos o risco de cortar coisas boas e alimentar as ruins.

Para nos revestir com a armadura de Deus e empunhar a Espada do Espírito, temos de criar o hábito de rezar para a Terceira Pessoa da Santíssima Trindade, por menor intimidade que se tenha com Ela em comparação ao Pai e ao Filho. Assim, comece invocando o Espírito Santo sempre que tiver uma decisão importante para tomar. A propósito meu reitor, Frei Jerônimo Calbrodeca, costumava dizer: "Diante de um grande problema, espere três noites para decidir."

Faço minhas as suas palavras e acrescento: não temos obrigação de dar respostas à "queima-roupa", isso é imediatismo. Temos, sim, a obrigação de rezar ao Espírito Santo. Por isso, espere e passe o primeiro dia rezando. No segundo dia, peça ao Espírito Santo que confirme sua decisão. Faça o mesmo no terceiro dia e, só então, pronuncie a sua decisão. Dessa forma, ela será fruto da oração e da iluminação proporcionada pelo Espírito Santo.

Explicados todos os seus componentes, a armadura de Deus está completa e, revestidos com ela, podemos enfrentar mesmo os mais temíveis "dragões" que nada nos atingirá.

ORAÇÃO

Divino Senhor Deus de amor e de bondade,

Teu Filho Jesus nos disse: "Sede santos como vosso Pai do céu é Santo."

Venho pedir, Senhor,

Reveste-me de santidade, reveste-me com Tua armadura.

Senhor, que a Tua armadura esteja em mim.

Cinge meus rins com a verdade e coloca-me o Capacete da Salvação.

Peço, Senhor, põe em mim o Escudo da Fé.

Calça meus pés para o pronto serviço a Ti, Senhor, e aos meus irmãos.

Reveste-me, Senhor, da caridade e do amor fraterno.

Acima de tudo, reveste-me, Senhor, das virtudes que me faltam e me são necessárias.

Eu quero ser santo, Senhor, eu quero ser cristão autêntico.

Quero ser sal da terra e luz do mundo.

Quero agir de acordo com a Tua santa vontade.

Senhor, revestido com Tua armadura, poderei enfrentar as batalhas de forma segura

E em tudo ser obediente, como Teu Filho Jesus.

Amém.

20º Passo

Ser feliz a cada etapa da vida, inclusive na última

Há um texto inspirador sobre a passagem do tempo em nossa vida: "Para tudo há um tempo, para cada coisa há um momento debaixo dos céus: tempo para nascer e tempo para morrer; tempo para plantar e tempo para arrancar o que foi plantado (...) tempo para guardar e tempo para jogar fora; tempo para rasgar e tempo para costurar; tempo para calar e tempo para falar..." (Ecl 3,1-8).

Você já pensou sobre isso? Tem medo de envelhecer?

A velhice é mais uma etapa da vida e devemos estar preparados para vivê-la da melhor maneira possível.

O Papa Bento XVI afirma: "A verdadeira velhice venerada não é somente a idade avançada, mas a sabedoria e uma existência pura e sem malícia." Já São Paulo, em sua primeira carta a Timóteo, orienta: "Não repreendas asperamente a um velho, mas admoesta-o como a um pai" (1Tm 5,1).

Aceitemos ou não, a velhice é inevitável. Não se sabe explicar muito bem por quê, mas a partir de um momento de nossa vida, por volta dos 28 anos, nosso organismo começa a sofrer alterações: é o processo de envelhecimento, sendo importante lembrar que alguns órgãos envelhecem mais acentuadamente em comparação a outros, assim como os seres humanos também envelhecem de maneira diferente entre si.

Existem pessoas que não aparentam a idade que têm e para as quais o tempo parece não passar. As teorias sobre isso são diversas — compasso menos acelerado do relógio biológico, fatores genéticos etc —, mas o fato é que não existe uma explicação comprovada para as variações no processo de envelhecimento.

Ocupe sua mente

Fala-se muito que envelhecemos conforme nossa mente encontra-se mais ou menos ativa. Assim, se a mantivermos a todo vapor por meio dos estudos, por exemplo, isso se refletirá no retardamento da senilidade. Outras atividades também servem para manter o cérebro em ação, incluindo a prática de hábitos saudáveis, que, segundo os especialistas, liberam substâncias benéficas ao organismo, proporcionando qualidade de vida por mais tempo.

A importância de ocuparmos nossa mente para não perdermos a lucidez é um dos assuntos mais comentados da atualidade. Atividades aparentemente banais, como fazer um caminho diferente para ir ao trabalho, mudar o lugar onde guardamos objetos de uso corrente, trocar o pulso no qual estamos habituados a colocar o relógio — do esquerdo para o direito ou vice-versa —, podem fazer uma enorme diferença justamente por forçarem o cérebro a se reprogramar, evitando que fique “bitolado”.

> Ser feliz com a própria idade é saber viver o momento presente e aproveitar as coisas boas que ele nos proporciona.

Ter disciplina e saber administrar o tempo também é fundamental para que o dia a dia não se transforme num fardo e percamos o interesse em viver. Temos de programar um tempo para o lazer e tudo aquilo que dá sentido à vida. Ter uma religião, por exemplo, além de nos aproximar de Deus, que é seu objetivo principal, pode ajudar na conquista de uma melhor qualidade no processo do envelhecimento, pois estimula sentimentos positivos, assim como envolver-se com trabalhos voluntários.

"Mesmo na velhice darão frutos, serão cheios de seiva e verdejantes, para anunciar quão reto é o Senhor: meu rochedo, n'Ele não há injustiça" (Sl 92,15-16).

Sinta-se bem na sua "pele"

Viver bem é saber adequar-se às diversas fases da vida. Não podemos querer agir aos setenta anos da mesma forma que nos comportávamos aos vinte. São essas incongruências que levam a conflitos.

Com 17 anos, você joga dois tempos de futebol e não fica ofegante, mas, em contrapartida, não tem a idade mínima exigida para entrar em certos lugares. Já na maioridade, quando tem livre acesso aos lugares, não possui o mesmo vigor físico para jogar futebol. Assim também, aos quarenta anos, provavelmente dispomos de maior estabilidade econômica do que aos vinte, porém não temos mais a mesma energia para virar a noite na balada.

Cada idade tem sua beleza e propicia novos aprendizados. Pessoas que compreendem essas diferenças vivem muito bem.

Ou seja, em cada idade existem ganhos e perdas e, para viver bem, precisamos desenvolver essa consciência, apegando-nos àquilo que podemos e não reclamando daquilo que não podemos. Há pessoas que lidam mal com a idade, então cada aniversário, em vez de ser motivo de alegria, transforma-se em sofrimento.

Recebi uma mensagem que expressa com precisão essa relutância que temos em aceitar o próprio envelhecimento. Era de alguém que dizia ter horror do assunto e não conseguia sequer admitir a própria idade. Para se ter uma ideia, na carta que me enviou, ela escreveu 3.9 em vez de 39 anos.

Talvez essa dificuldade seja fruto da associação pejorativa que nossa sociedade faz entre envelhecimento e falta de capacidade.

Trata-se de uma visão errada e preconceituosa, pois sabemos que existem muitos idosos trabalhando, produzindo e vivendo bem.

No Levítico, terceiro livro da Bíblia, está escrito: "Diante das cãs (cabelos brancos) te levantarás e honrarás a face do ancião; e temerás a Deus" (Lv 19,32). Da mesma forma, o quarto mandamento — "Honra teu pai e tua mãe, para que se prolonguem os teus dias na terra, que o Senhor teu Deus te dá" (Ex 20,12) — também sugere essa prática do respeito para com as pessoas idosas, valorizando sua sabedoria.

Compreenda e cuide

Conforme envelhecemos, uma série de mudanças ocorrem, não apenas do ponto de vista físico, mas também emocional. A convivência familiar, por exemplo, é salutar em qualquer idade, mas, para o idoso, estar em companhia de filhos e netos adquire um valor especial, pois a velhice aumenta a consciência de que o momento da despedida se aproxima.

Nesse sentido, as casas de repouso para idosos são uma alternativa questionável. Por mais que tenham uma boa estrutura, não substituem o relacionamento familiar. Então, mandar o idoso para um asilo deve ser uma decisão tomada apenas em casos extremos, em que não há como cuidá-lo sem ajuda especializada.

> O que mais os idosos querem e precisam é de carinho, atenção, amor e respeito. Por isso, perder o vínculo com a família e as pessoas queridas é prejudicial ao processo de envelhecimento.

Com a idade, muda também a forma como assimilamos as coisas de Deus e compreendemos a fé. Santo Agostinho diz: "Procura que tua infância seja inocente; tua meninice, respeitosa; tua adolescência, paciente; tua juventude, virtuosa; tua maturidade, carregada de méritos; e tua velhice, sábia." É exatamente essa sabedoria que vamos adquirindo com as pancadas, escorregões e frustrações sofridos ao longo de nossa trajetória. Trata-se do processo de maturidade, e na vida espiritual também é assim.

Recentemente uma mulher me procurou para partilhar que a mãe era muito temente a Deus, fazia parte do Apostolado de Oração e comungava frequentemente, mas agora entrara numa fase de demência senil, causada pelo mal de Alzheimer. Como filha, estava muito preocupada com a questão do pecado, pois ouvia da mãe coisas absurdas e impróprias. Expliquei que nessa fase não podemos imputar moralidade nem considerar que uma pessoa está ofendendo a Deus. Ela fala, reclama, mas não é o que está verdadeiramente em seu coração.

Também devemos tirar dos idosos o ônus do castigo e da punição divinas. A perda dos reflexos, da visão e da audição não é castigo de Deus. Isso faz parte da própria fragilidade, da contingência da nossa natureza humana.

Por exemplo, o mal de Alzheimer costuma manifestar-se na faixa etária acima dos 65 anos, com sintomas iniciais como perda do raciocínio, lapsos de memória, confusões generalizadas, além da dificuldade em assimilar informações novas e do esquecimento de fatos recentes. Com o avanço da doença, a pessoa torna-se completamente dependente. Os estudos prosseguem, e as principais causas apontadas até o momento são o baixo nível de atividade intelectual ou ocupacional, hipertensão e diabetes não tratadas, além de fatores hereditários.

Saiba plantar para colher os melhores frutos

Envelhecemos a cada dia, por isso, temos de nos perguntar como levamos os nossos dias, ou seja, o que estamos plantando hoje para colher amanhã. Porque se estivermos plantando amor, colheremos amor. Mas, se estivermos semeando ortiga e carrapicho, lá na frente é isso que receberemos de volta.

Então, pare e reflita: Como você tem lidado com sua espiritualidade? O que tem feito para se tornar uma pessoa melhor?

Para sabermos a quantas anda nosso amadurecimento espiritual, minha sugestão é que, ao final de cada ano, façamos um balanço procurando identificar se nos tornamos mais sábios ou mais amargos. E atenção: não confunda rabugice de gente idosa com amargura; a primeira refere-se a intransigências típicas de quem já passou por muita coisa na vida e chega a ser engraçada, enquanto a segunda é muito perigosa, podendo evoluir para um quadro drástico de depressão.

Dizem que a idade pode "amansar" o gênio das pessoas, mas há algumas com as quais ocorre o inverso. Por isso, é importante saber lidar com as "manias" dos idosos sem perder a paciência, lembrando que todos nós as temos, em maior ou menor grau, mas à medida que ficamos mais dependentes, as manias tornam-se mais aparentes.

Uma das formas de aumentar a paciência é, sem dúvida, por meio da fé e do exercício da oração, o que também constitui o caminho para aprender a lidar com o nosso próprio envelhecimento.

A espiritualidade de uma pessoa conta muito para que ela tenha uma velhice tranquila e sábia.

Para quem acredita em Deus, a velhice não é o fim da linha, mas a proximidade de um encontro tão esperado. Enquanto isso temos de aproveitar esse período de diminuição do ritmo frenético da vida para investir em nós mesmos — abrir a janela, olhar e admirar a beleza da natureza, acreditar, traçar pequenas metas —, crescendo como seres humanos e filhos do Pai.

Muitas pessoas não temem o envelhecimento, mas a solidão, sem perceber que ela pode ser positiva. Por exemplo, sou uma pessoa que vive na *solidão*, mas não sou um *solitário*. A solidão pode ser construtiva, o solitário pode ser destrutivo.

Jesus procurava a solidão, pois ela o ajudava a estar em contato com Deus e Consigo Mesmo. Ela nos permite avaliar nosso progresso, defeitos e o que devemos procurar.

Já a preocupação com o desamparo é perfeitamente justificável. Por exemplo, percebi que meu pai, quando chegou numa idade mais avançada, mostrava-se inquieto ao falarmos sobre doenças e dependência de parentes, até que um dia tranquilizei-o dizendo: "Pai, com saúde ou doente, andando ou numa cama, os últimos dias do senhor serão comigo." A partir daquele dia, meu pai passou a demonstrar serenidade e confiança, e eu tive a graça de morar sob o mesmo teto que ele até o dia em que faleceu, aos 84 anos. De minha parte, já conversei com minha família e sei quem irá amparar-me na velhice, embora tenha certeza de que Deus provê e proverá.

Quero aproveitar e aconselhar aos filhos que deem essa certeza aos pais, assegurando que, com ou sem saúde, estarão sempre ao seu lado.

Para os que já estão nessa etapa e para todos, porque envelhecer é apenas uma questão de tempo, sugiro ler, meditar, rezar e contemplar na íntegra o Salmo à velhice (Sl 70), que é belíssimo, do qual cito apenas alguns versículos:

"Tu, Senhor, és a minha esperança e a minha confiança, desde a minha juventude.

Já no ventre materno eu me apoiava em Ti, e no seio materno tu me sustentavas. Eu sempre confiei em Ti.

Não me rejeites agora que estou na velhice, não me abandones quando me faltam as forças, porque meus inimigos falam de mim, juntos planejam os que espreitam minha vida: quanto a mim, fico a esperar, continuando o Teu louvor. Minha boca vai contar a Tua justiça, e o dia todo a Tua salvação. Contarei as Tuas proezas, Senhor Deus, vou narrar a Tua vitória, toda Tua! Ó Deus, Tu me instruíste desde a minha juventude, e até hoje eu anuncio as Tuas maravilhas.

Agora que estou velho e de cabelos brancos, não me abandones, ó Deus, até que eu descreva o Teu braço à geração futura, Tuas proezas e Tuas sublimes vitórias, as façanhas que realizaste. Ó Deus, quem é igual a Ti?

Tu me fizeste passar por angústias profundas e numerosas.

Agora voltarás para dar-me a vida, e me farás subir da terra profunda" (Sl 70 5-6.9-10.14-19).

No mais, reitero meus votos de que sigamos no caminho da felicidade, guiados pela consciência de onde viemos e para onde vamos. Nascer, viver e morrer são contingências que fazem parte da natureza humana, e toda idade tem suas vantagens e desvantagens. Se conseguirmos atinar para isso, a velhice poderá ser uma idade abençoada, uma verdadeira "melhor idade".

ORAÇÃO

Senhor Deus, por tudo o que já vivi, dou graças a Teu Santo nome.

Dou graças pelo dom da vida,

Dou graças pela maravilha da existência, pelos dias que se somam à minha história.

Sei que cada dia é uma dádiva de Tuas mãos e cada despertar, a oportunidade de ser feliz com a idade que tenho.

Faze-me compreender a dádiva do sol que rompe as trevas.

Faze-me perceber a beleza da natureza e tudo de bom que ainda me resta.

Afasta o que obscurece o horizonte da minha vida.

Afasta o que me impede de ver com esperança o dia de amanhã.

Afugenta, Senhor, o medo da velhice, o fantasma do desprezo, do desamor.

Restaura a alegria da vida, da esperança.

Mas, se após caminhar tanto, no fim da minha vida sofrer a solidão da velhice, o desamparo, fica comigo, Senhor.

Se os meus olhos não mais conseguirem ver a luz e os meus ouvidos não perceberem o canto dos pássaros, fica comigo, Senhor.

Se um dia ficar imobilizado numa cama à espera da morte, nessa hora decisiva, sobretudo, fica comigo, Senhor.

Amém.

Conclusão

"Cada um de nós prestará contas de si mesmo a Deus" (Rm 14,12).

Os salmos são orações que expressam aquilo que vivemos no cotidiano, e assim o salmista define nossa trajetória: "Setenta anos é o tempo da nossa vida; oitenta anos, se ela for vigorosa; e a maior parte deles é fadiga inútil." Em seguida, faz uma súplica a Deus: "Ensina-nos a contar os nossos anos, para que tenhamos um coração sensato!" (Sl 89).

Nesse sentido, tomar consciência de que somos aquilo que nos permitimos ser nessa breve jornada e peregrinação existencial chamada vida já é um começo.

Não consigo aceitar que alguém deixe de buscar a paz interior porque sofreu algumas perdas no caminho, sinta-se fraco ou esteja trilhando um caminho errado. Sempre é tempo de retomar a direção de nossa vida. Somos muito valiosos aos olhos de nosso

Deus Criador e isso tanto é verdade que, por meio de Seu Filho Jesus, Ele nos deixou pegadas visíveis de um itinerário a ser percorrido.

É tempo de firmar nossos passos. Venha comigo: reúna suas forças, conte com a graça de Deus e vamos caminhar. O que nos aguarda é uma paz interior tão profunda, sólida e verdadeira que nada nem ninguém neste mundo poderá impedir.

Recentemente fui agraciado com um presente de valor inestimável e faço questão de partilhar essa felicidade com meus leitores. Meu sobrinho e sua esposa, pessoas do meu convívio diário, tiveram sua primeira filha: Helena. Além de ganhar uma sobrinha-neta, recebi também a honra de tê-la como afilhada, o que muito me alegrou. Tratando-se de pessoas com quem meus laços são intensos e constantes, sinto-me envolvido numa fantástica e maravilhosa experiência de acompanhar e vibrar a cada etapa do desenvolvimento de Helena. Percebo sua gradual tentativa de firmar os pés no chão, movimentos que logo resultarão em passos, primeiro cambaleantes, mas depois, certamente seguros e naturais.

Isso me faz pensar que, da mesma forma como anseio vê-la dar seus primeiros passos, rezo para que você não relute em retomar os seus.

Jesus revelou: "Eu sou o caminho, a verdade e a vida" (Jo 14,6). Ou seja, existe um caminho, cabendo a nós ter a coragem de segui-lo, passo a passo, pouco a pouco.

Vamos juntos nessa jornada!

Leituras recomendadas

Catecismo da Igreja Católica: Edição Típica Vaticana. São Paulo: Edições Loyola, 1999.

RATZINGER, Joseph (Bento XVI). *Jesus de Nazaré*. São Paulo: Editora Planeta, 2007.

KOLODIEJCHUK, Brian. *Madre Teresa: Venha, seja minha luz*. Rio de Janeiro: Thomas Nelson, 2008.